Luisa Francia

Die Bärin im 11. Haus

Luisa Francia

Die Bärin im 11. Haus

Das Horoskop als schamanischer Lebensbaum

mit Zeichnungen der Autorin

Frauenoffensive

„Ich bin am Ziel meines Herzens angelangt
Weiter führt kein Strahl
Hinter mir laß ich die Welt
Fliegen die Sterne auf: Goldene Vögel."

(Else Lasker-Schüler)

1. Auflage, 1997

(Knollerstr. 3, 80802 München)

ISBN 3-88104-293-8

Druck: Clausen & Bosse, Leck
Umschlaggestaltung: Erasmi & Stein, München
unter Verwendung einer Zeichnung der Autorin

Dies Buch ist gedruckt auf Papier aus chlorfrei gebleichtem Zellstoff

Inhalt

AJAR AUF DEM BAUM

Eine schamanische Geschichte

An jenem Morgen erwachte die Schamanin Ajar und fühlte nichts. Das Bett schien ihr nicht warm, die Träume, aus denen sie auftauchte, waren bedeutungslose Bilder. Sie scheuchte sie fort wie Fliegen und stand auf. Der Tee, den sie am Morgen stets trank, schmeckte wie Spülwasser. Nichts bereitete ihr Freude, ihrer Magie beraubt lagen die Rasseln herum, nur Staub bemerkte sie auf ihnen. Sie hob eine auf, wunderte sich über das Geschepper und legte sie sanft zurück. Da war eine seltsame Stille, die über dem Lärm des Tages lag. Eine Stille wie eine dicke Schicht, die bald alles ersticken wird. Die aufkommende Panik in Ajar wurde durch ein zähflüssiges Gefühl niedergezwungen: Nichts ist von Bedeutung. Alles ist einerlei.

Was macht mich glücklich? überlegte Ajar fieberhaft. Sie dachte an all die Geschichten, die sie gehört hatte, von den Mooren und Sümpfen der Traumzeit, in denen Menschen versanken, und plötzlich wußte sie: Sie war in einen Sumpf geraten und steckte schon halb darin fest.

Sie rief ihre Gedankenherden zusammen: Kommt, meine Kinder, schart euch um mich, sammelt euch, wir müssen eine schwere Aufgabe vollbringen. Alle Gedanken kamen, manche schnell wie der Wind, flüchtige streiften sie und zogen davon, manche kamen nur widerwillig. Wieder andere blieben nicht faßbare Nebelschwaden. Da saßen die Beleidigungen und Kränkungen, leiser Ärger, zu ätzenden Worten geronnen, ganz nah, sie drängten die witzigen Bemerkungen, die Beschreibungen der Schönheit und der Freude und die aufmunternden Worte weg.

Ajar hob ihre Hand, ihre Kraft war schon im Schwinden, und rief: Zieht mich heraus!

Shut your word-house! rief jemand. Da mußte sie so lachen, daß sie aus dem Sumpf rollte und wieder auf dem Trockenen lag. Aber die Gefahr war nicht gebannt. Bei dieser großen Anstrengung war ihre ganze Kraft in den Sumpf geflossen. Ihre Schutzhüllen lagen dünn und wirkungslos um ihren Körper. Ihre Mut- und Wutsubstanz war eingetrocknet, selbst ihr Bissigkeitspotential war erschöpft.

Wer hat das getan? klagte sie. Wer hat mir meinen Witz, meine Scharfzüngigkeit, meinen klaren Blick, meine frechen Worte, meine Schlagfertigkeit, meine Eigenmacht genommen? Wer hat mich meiner unverschämten Lebenslust beraubt, meinen beißenden Spott mir entrissen?

Da kam ein Ton, ein Rhythmus, er schwoll an und wurde zu Gesang: Du warst es selbst. Du warst es selbst. Ajar hielt sich die Ohren zu.

Nein, es waren die Leute, denen ich meine Kraft gab, die zuviel von mir verlangten, die Feinde, die ich bekämpfen, die Freundinnen, denen ich helfen mußte.

Unbeirrt umtoste der rhythmische Gesang ihre Ohren: Du warst es selbst, du warst es selbst. Jetzt wurde Ajar so wütend, daß sie beschloß, die Ursache dieses Gesangs zu finden und ihn abzustellen. Sie schnappte sich ihre magische Rassel, und weil irgendwo unter ihren Fingern etwas mit feiner Stimme forderte: Nimm mich mit! hob sie einen schwarzen Stein auf, den sie aus einer Wüste mitgebracht hatte. Gerade wollte sie ihn verächtlich wegwerfen, als er auflachte.

Haben sich denn alle gegen mich verschworen? schrie Ajar. Die Antwort war der Gesang: Du warst es selbst, du warst es selbst! Und in Variationen: Du warst es selbst, du bist es selbst, du wirst es selbst auch wenden. Ein Gesumm und Gebrumm in einem dröhnenden Rhythmus.

Ajar machte sich auf den Weg. Als ihr Haus schon weit hinter ihr lag, drehte sie sich um. Wie hatte sie es geschafft, den Sumpf zu überwinden und das Haus zu verlassen? Wie war sie überhaupt hierher gekommen?

Du warst es selbst, du bist es selbst, du wirst es selbst auch wenden, klang es von weitem. Sie ging dem Klang nach, immer weiter in die felsige Berglandschaft hinein und hinauf auf steile Felsen. Lauter tönte jetzt der Gesang, mächtiger dröhnte der Rhythmus. Vorher hatte sie noch gedacht: Was soll das? Wozu mache ich mich auf den Weg? Ich werde doch nichts finden. Alles ist verloren. Es hat keinen Sinn, daß ich noch suche. Jetzt fühlte sie nur noch diesen starken Rhythmus. Es schien, als lohne es sich, allein für diesen Rhythmus zu leben und nur ihm zu folgen.

Sie kletterte einen Felsen hinauf und stand auf einer Hochebene. Vor ihr ragte eine mächtige, uralte Bergkiefer in den Himmel. Sie konnte den Wipfel nicht sehen, so hoch und dicht gewachsen war dieser Baum. Aber der Rhythmus kam ganz eindeutig vom Baumwipfel. Als sie gerade auf einen tiefer hängenden Ast klettern wollte, sah sie zu ihrem Erstaunen eine Leiter, die an den Stamm gelehnt war. Sie stieg hinauf und kam auf einen Ast, der so breit war, daß sich ein Weg darauf zu den kleinen Zweigen schlängeln konnte. Jetzt erst merkte sie, wie müde sie war, und setzte sich auf einen Stein, der am Weg lag. Lange würde sie sich hier nicht aufhalten können, der Rhythmus dröhnte so laut und mächtig, daß er alles zu übertönen schien.

Da sagte ein leises Stimmchen: Und, was gibt's?

Sie fuhr herum. Eine Ameise lief unter ihr vorbei.

Ich will den Krach abstellen, sagte Ajar.

Die Ameise lachte. Es wird gut sein, wenn du dich erst mal mit ihm besprichst, meinte sie.

Wie denn besprechen? fragte Ajar.

Was hast du denn bei dir?

Eine Rassel und einen Stein.

Das ist doch schon etwas, sagte die Ameise und krabbelte fort.

Ajar fing an zu rasseln. Tatsächlich wurde der Rhythmus leiser, eine Art Wechselspiel entstand, zuerst kam es aus dem Baum: Du warst es selbst du bist es selbst du wirst es selbst auch wenden! Dann kam von der Rassel ein feines Rieseln und Rasseln, das mit einem Klick am Stein endete. Daraus wurde eine hübsche Musik, und die hätte noch eine Zeit weitergehen können, wenn nicht die Nacht hereingebrochen wäre.

Jenseits des Baumstamms flackerten auf einem anderen Zweig Lichter auf. Ajar stand auf und ging hinüber. Kerzen brannten überall. Ajar begann zu tanzen und zu singen. Dann legte sie sich zwischen funkelnde Kristalle und schimmernde Mondsteine und schlief ein. Sie erwachte von dem lauten Rhythmus, der nun keine

Worte mehr enthielt. Schnell sprang sie auf, packte ihre Rassel und den Stein ein und stieg weiter den Baum hinauf. Arme umschlangen sie, und eine Baumelfe wirbelte sie herum.

Laß mich, ich muß weiter, sagte Ajar.

Die Baumelfe lachte. Hier, sagte sie, nimm ein wenig Baumharz mit, das wird dir nützlich sein.

Ajar steckte es ein und ging weiter. Sie kam an eine Astgabelung, da richteten Eichhörnchen köstliche Speisen an und luden sie ein, sich zu ihnen zu setzen. Sie aß und trank ein wenig, aber sie wollte nicht verweilen, immer drängender wurde ihre Sehnsucht, die Quelle zu finden, die diesen Rhythmus schlug.

Der Weg, der zuerst noch bequem und gar nicht steil gewesen war, verlor sich im Dickicht. Sie kämpfte sich hinein, und nun gab es kein Vor und kein Zurück mehr. Fest schlossen sich die Arme des Baums um sie, laut dröhnte der Rhythmus in ihren Ohren. Da fiel ihr das Baumharz ein. Sie steckte es in die Ohren, und tatsächlich konnte sie den Lärm jetzt ertragen. Ajar fühlte die Umklammerung der Zweige und fing an zu weinen.

Ich bin machtlos, schrie sie, ich kann mich nicht bewegen! Meine Kraft ist von mir gegangen! Ich habe Angst. Wie soll ich leben ohne Kraft?

Das ist eine gute Frage, sagte eine metallische Stimme. Sie kam von einem gepanzerten Wesen über ihr in den Zweigen. Allerdings muß ich sagen, für eine, die keine Kraft hat, bist du weit gegangen und schreist auch ziemlich laut.

Wer bist du? fragte Ajar.

Ich bin ich, sagte das Wesen.

Wie nennst du dich denn? fragte Ajar.

Ich nenne mich nicht, sagte das Wesen. Ich muß mich ja nicht rufen, und da ich nicht genannt wurde, muß ich auch keinem Ruf folgen.

Da mußte Ajar lachen. Weil du schon da bist, kannst du mir nicht helfen, aus diesem Dickicht wieder herauszukommen?

Aus welchem Dickicht? fragte das Wesen und kaute an einer zarten grünen Kiefernspitze.

Ja, aus welchem Dickicht denn? Ajar sah sich um, da waren sanfte grüne Wiesen und Blüten überall, sie konnte sogar über dem Wipfel des Baums die Sonne sehen. Ich halte es aus, dachte sie glücklich. Ich habe es ausgehalten, und ich halte es aus, das ist meine größte Kraft. Sie sprang in die Luft, und ehe sie nach unten stürzen konnte, wurde sie von einer pelzigen Gestalt aufgefangen. Da fielen ihre Baumharzstöpsel heraus, und lauter als je zuvor dröhnte der Rhythmus, der sie hergebracht hatte. Das Pelztier kraulte ihren Rücken und ihre Haare, und sie fühlte, wie Wellen durch sie hindurchflitzten wie Morsesignale, wie das melodische Flirren ihres Computers, wenn sie ihn einschaltete, wie das Summen der Telegrafenmasten, das sie als Kind so gern gehört hatte. Aus all diesen Impulsen konnte sie plötzlich Botschaften herausschälen. Ihr war, als verstehe sie alle Geräusche, alle Töne, alle Rhythmen und sogar die Stille dazwischen.

Das Pelztier warf sie in die Luft, und sie landete im Schoß einer Frau, die auf dem Wipfel des Baums saß und mit Knochen auf eine Trommel schlug. Doch die Trommel war Ajars Haut, und jetzt spürte sie das Dröhnen auch in ihrem Körper. Heftig schlug ihr Herz gegen den Brustkorb, heftig schlug die Alte mit ihrem Knochen auf die Trommelhaut. Heftiger noch schlug Ajar zurück.

Da hörte die Alte auf zu trommeln, und Ajars Herz hörte auf zu schlagen, einen kleinen Augenblick nur. Die Knochen der Alten fuhren in Ajars Körper, und mit einem schmerzhaften Ruck begann das Herz wieder zu klopfen. Ajar sprang auf, fühlte ihr Fleisch, ihre Knochen, fühlte ihren Herzschlag und tanzte, doch unter ihren Füßen war der Holzboden ihrer Kammer, in ihrer Hand hielt sie die alte Trommel, und ihre Finger tanzten darüber.

Ajar lachte.

Das Horoskop als Spiegel des Lebens

Seit über zwanzig Jahren beschäftige ich mich mit Astrologie. Zuerst lernte ich, daß Zeitungshoroskope nichts mit Astrologie zu tun haben, daß es aber durchaus „zufällige", wahre Orakelsprüche darunter gibt und daß es auch in der Astrologie zwölf Sternzeichen gibt. Im Lauf der Zeit zeichnete sich ab, daß astrologische Bücher oft einen schrecklichen Schwachsinn verzapfen, und ich lernte, daß moralistische, dogmatische, frauenfeindliche, selbstherrliche, diktatorische Menschen überall vorkommen, auch in der Astrologie, wo sie nicht selten den Anspruch vor sich hertragen, die absolute Wahrheit zu verkünden.

Ich lernte, daß kaum ein Metier so anziehend für machtgeile Männer ist. In den „esoterischen Disziplinen" toben sich Rechthaberei und christliche Moralisierung, übles Klischeedenken, Witz- und Humorlosigkeit, uninspirierte, dumpfe Sauertöpfigkeit und Geldgier aus, und die Prognosen oder die pseudopsychologischen Einschätzungen haben nicht selten den Charakter übler Nachrede oder eines Fluchs. Zum Beispiel kann ich an Eides Statt versichern, daß ich immer dreckige Fingernägel habe, obwohl meine Venus in der Jungfrau ist und das der Schulastrologie nach ständiges Fingernägelputzen bescheren soll.

Mich interessierte und interessiert an der Astrologie:

Wie kann ich mit der kosmischen Philosophie der Sterndeutung Kräfte erfahren oder einschätzen, die auf mein Leben einwirken? Wie kann ich mich selbst so spiegeln, daß mir immer mehr Facetten meiner Möglichkeiten klarwerden? Wie wirken sich kosmische Kräfte auf Körper, Seele, Geist und Phantasie aus?

Wie kann ich mit diesen Hilfsmitteln spielerisch so umgehen, daß sich Fragmente eines Ganzen immer deutlicher zeigen? Was kann ich überhaupt damit alles spielen? Ich glaube nämlich nicht an Astrologie, ich probiere sie aus.

Ich lernte, ein Horoskop auszurechnen, erfuhr immer mehr über Zeichen, Häuser, Planeten und Himmelslichter, über die Stellung der Planeten zueinander und in den Häusern und Zeichen. Ich begann ein astrologisches Tagebuch zu führen, um für mich selbst festzuhalten, wie ich welche Energie spüre oder auch nicht. Ich notierte Ähnlichkeiten und gemeinsame Eigenschaften bei bestimmten Sternzeichen oder Himmelskonstellationen, erstellte Hunderte von Horoskopen und war immer wieder verblüfft, wie genau die Astrologie doch ist, obwohl ja nicht einmal klar ist, welcher Augenblick der Geburtsmoment wirklich ist (siehe auch „Berühre Wega, kehr' zur Erde zurück", mein erstes Buch über Astrologie im Verlag Frauenoffensive).

Je heftiger die traditionellen Astrologen die Berechnungen verteidigten, je fanatischer FreundInnen tägliche Kalkulationen anstellten, um zu erfahren, wie gut oder wie schlecht ein Tag werden könnte, um so klarer wurde mir, daß mich Berechnungen auf Grade, Minuten und Sekunden langweilen, zumal der heutige Stand der Planeten in den Zeichen und auch die Größe und

Stellung der Sternzeichen, also die astronomischen Koordinaten nicht mehr ganz den astrologischen Berechnungen entsprechen.

Schon die Babylonier wußten, daß der Frühlingspunkt am Himmel, von der Erde aus gesehen, wandert und daß die Sternzeichen aus unserer Sicht keine zuverlässigen astrologischen Koordinaten darstellen. Deshalb erfanden sie die zwölf Tierkreiszeichen, jedes 30 Grad breit, die zusammen eine volle Drehung der Erde beschreiben, das heißt, sie erfanden die Astrologie, die ihre Koordinaten von der Erde und ihrer Drehung bezieht. Davon später mehr.

Am langweiligsten finde ich AstrologInnen, die ihre Kunst als mathematische Wissenschaft sehen und immer wieder Beweise anschleppen, wie genau alles berechnet ist. Ein Leben läßt sich nicht in Graden und Bogensekunden berechnen. Lebendige Kräfte, die aufeinandertreffen, deren Wirkung aufeinander nicht berechenbar ist, weil sie nun einmal keine Computer sind, lassen sich nicht in mathematische Zwangsjacken stecken, und das wäre die jämmerlichste Funktion, die Astrologie haben könnte.

Es geht doch um die lebendigen Menschen, den weiten, geheimnisvollen kosmischen Raum, die fernen Sonnen, die Energie abgeben, die Planeten, die mit uns einen Tanz um eine Sonne begonnen haben. Es geht um Poesie.

In den Bergen nachts war mir der unendlich weite, dunkle Himmel oft sehr unheimlich. Da stand ich auf dieser winzigen Erde im Weltall, ich, winziger noch, fühlte mich so lebendig und zumindest für mich selbst irgendwie bedeutsam, war aber so klein, daß mich vorbeiflitzende Teilchen und Wesen wohl nicht einmal wahrnahmen. Über mir wölbte sich der dunkle, unendliche Raum, von dem ich genausowenig wußte und weiß wie von dem dunklen, unendlichen Raum in mir selbst. Ich erlebte mich als Membran zwischen Himmel und Erde, als Trommelhaut einer großen kosmischen Trommel.

Mir wurde klar, wie absurd es ist, Einflüsse aus dem Universum auf unsere Erde, unsere Körper zu leugnen. Wir rasen auf diesem Feuerball, der die Erde im Inneren ja ist, mit ungefähr 900 000 km in der Stunde um die Sonne, vollkommen abhängig von so Kleinigkeiten wie Atemluft, Wasser und Nahrung, ganz zu schweigen von der Schwerkraft, und das einzige, was zählen soll, ist unser Hirn? Immer wieder gehe ich seitdem in die Nacht hinaus und lasse meine Netze weit ins Universum fliegen. Ich lebe auf der Erde, aber mein Ursprung ist irgendwo dort draußen.

Als ich in diesen meinen Körper sprang, wollte ich etwas verwirklichen. Aber würde ich mich daran erinnern? Der Eintritt in die Erdatmosphäre ist dramatisch. Du bekommst keine Luft, wirst geschlagen, gestochen, geschüttelt und bist vollkommen hilflos. Auf Gedeih und Verderb bist du deinen Wirtsleuten, den Eltern, ausgeliefert.

Ich lachte bei der Geburt, denn ich ahnte, daß ich mir die richtige Mutter, die richtige Großmutter, die richtige Schwester und das richtige Sternzeichen ausgesucht hatte.

Die Erde ist der Planet der Verwirrung. Niemand scheint zu wissen, was hier eigentlich abläuft, wozu wer was tut oder nicht tut. Es gilt als besondere Weisheit, wenn jemand mit achtzig auf ein paar Erkenntnisse zurückblicken kann. Man fragt sich, warum man eigentlich nicht schnellstmöglich alle lebensnotwendigen Informationen bekommt, um sich optimal entfalten zu können. Statt dessen wird die Fähigkeit des Körper/Hirn-Universums mit einer Fülle widersprüchlicher Anordnungen, wildgewordener Emotionen, mit Drohungen, Gewalt und schwachsinnigen Regeln eingeschränkt oder gar zerstört. Unwissen und Hilflosigkeit werden mit Hilfskonstruktionen überbrückt: „gutes Benehmen“, Höflichkeit, Folgsamkeit auch bei idiotischsten Anweisungen und Regeln. Ein rasches, selbständiges Erlernen der Überlebenstechniken wird durch Abhängigkeiten, religiöse Vorschriften und gesellschaftlichen Ballast ersetzt.

Falls du dich vage erinnerst, woher du eigentlich kommst und was es hier zu fühlen, zu tun, wahrzunehmen gäbe, wirst du ganz schnell von der Angst der anderen eingeholt und niedergedrückt. Wachse nicht zu weit! Denk nicht zuviel! Frag nicht soviel! Wehre dich nicht! Paß dich an, du siehst doch, es hat keinen Sinn! Denk so wie wir, andere Gedanken lassen wir nicht zu, und wir haben Institutionen, die dir alle Abweichungen austreiben! Leg dir ein dickes Fell zu! Arbeite fleißig, schau, daß du zu etwas kommst. Aber zu was eigentlich?

Aus dem Nebel holen wir Fragmente unseres Wissens, wir erfinden die seltsamsten Dinge. Vor dreißigtausend Jahren malten Menschen Spiralen als heilige Symbole auf Steine und hatten keine modernen technischen Geräte, um zu wissen, daß alles auf der Erde spiralig fließt: der Atem, die Körperflüssigkeiten, die

Thermik. In China wurde das I Ging mit 64 Zeichen erfunden, niemand hatte je einen Körper aufgeschnitten und mit Mikroskopen die DNS-Spirale untersucht, die 64 genetische Bausteine hat.

Die spirituellen, intuitiven Methoden, etwas zu erfahren, wirken vage und „zufällig", aber ein deutscher Elektronikkonzern bezahlte in Mali einen Regenmacher, um sicherzugehen, daß während des Fabrikbaus der Regen nicht die Bauarbeiten störte. Und überall in Afrika und Indien werden Brunnen dort gebohrt, wo die Rutengänger, die ZauberInnen und Handzitterer Wasser finden, denn es ist genauer und billiger, als Geologen kommen zu lassen.

Die Traumzeit ist der Wegweiser in das alte Wissen, und das Horoskop ist die Landkarte, um vergessene Pfade wiederzufinden.

Sagen wir einfach mal zum Spaß: Als du dich auf dieser Erde verkörpern wolltest, hast du dir ein Zeichen zur Erinnerung gesetzt – die Konstellation der Sterne. Du springst mit deinem ganzen Urwissen in die Erdatmosphäre, in das Raumschiff, das deine Mutter ist. Sie paßt dich den irdischen Gegebenheiten an, und wenn du soweit bist, wirst du aus dem Raumschiff herausgeworfen. Jetzt fängt dein Erdenleben an, und zugleich vergißt du jetzt rasend schnell, wer du eigentlich bist, was du willst, wozu du auf die Erde gekommen bist.

Je nach Lebensbedingungen werden dir deine letzten Erinnerungen ausgetrieben oder nicht, wirst du in deinem hellen Sehen und wahren Sagen, in deinem Ahnen (alte Ahninnenfähigkeit!) und intuitivem Wissen gefördert oder nicht. Aber eins bleibt: die Koordinatenkarte deiner universellen Reise und des Eintritts in die

Erdatmosphäre. Anhand dieser Einzelheiten könntest du, wenn du es dir erlaubst, etwas so Irrationales überhaupt zu tun, zusammensetzen, was du vorher wußtest, was dir schlagartig im Augenblick deines Todes wieder einfallen wird.

Das Horoskop ist eine Landkarte, in der Kräfte und Kraftorte, Verbündete, Hilfsmittel, besondere Fähigkeiten und Reiseproviant eingetragen sind. Das Horoskop ist die Beschreibung deines Eintritts in die Erde, aber auch die Beschreibung deines Lebens, der Teppich, in den alle Ereignisse und Kräfte deines Lebens eingewoben sind.

Das Horoskop ist aber auch dein Lebensbaum. Es zeigt dir, wo du wurzelst, wohin du wächst, welcher Kraft sich der Wipfel deines Lebensbaums entgegenstreckt, welche Verbündeten sich zu dir gesellen und mit welchen Hilfsmitteln du deine Wünsche verwirklichen kannst.

Wenn du dein Horoskop als Lebensbaum betrachtest, erfährst du etwas über deine spirituelle Aufgabe, deine magische Kraft, deine Fähigkeit, zu heilen und etwas zu gestalten, deine Helferwesen und deine Verbündeten. Das Horoskop als schamanischer Lebensbaum ist einer von vielen Wegen, dich in all deinen Möglichkeiten zu spiegeln.

Der schamanische Lebensbaum beschreibt das magische Potential einer Person, die Bündnisse, die besonderen Fähigkeiten, die alten Verbindungen. Magie ist ja nicht irgendeine angelernte Simsalabim- oder Abrakadabra-Geschichte. Magie ist die volle Entfaltung der Sinne in der Verbindung mit den Elementen, der Natur, allen Wesen der Natur und dem Universum.

Magie ist uns angeboren, und magische Fähigkeiten sind nichts als unsere alten Kräfte, die wir freilegen und wieder beleben können.

Das Horoskop als schamanischer Lebensbaum zeigt, welche besonderen Wege in unserer Karte der Traumzeit für uns gangbar sind, gibt Anregungen, mit welchen Möglichkeiten wir spielen können, aber auch, wie wir unsere magischen Kräfte pflegen und verantwortungsvoll einsetzen können.

Von Külük Süöder und anderen Schamaninnenmüttern

Die Tradition des schamanischen Lebensbaums

In den Himmeln gibt es einen Baum, der Yjyk-Mas heißt. Seine Spitze reicht bis in den neunten Himmel, seinen Umfang kann niemand bestimmen. Von der Wurzel bis oben zur Spitze ist dieser Baum mit Auswüchsen bedeckt, aber klare Zweige besitzt er nicht. In diesen Auswüchsen des Baumes entstehen die Schamanen, die Schamaninnen und alle diejenigen, die mit Zauberei und Hexerei bekannt sind. Die starken Schamanen entstehen dicht am Stamm, und die vollkräftigen an der Wurzel des Baumes. (H. Findeisen und H. Gehrts, „Die Schamanen")

In den nördlichen Gebieten dieser Erde, zum Beispiel in Sibirien, im Himalaya, in Finnland, Island, auch im alten germanischen und keltischen Stammesgebiet, in allen Kulturen, in denen es Schamanismus gab und gibt, ist der Lebensbaum oder SchamanInnenbaum ein zentrales Motiv. Ob nun dieser Baum, wie in Sibiren, Ar-Kuduk-Mas heißt, ob es die Weltenesche Ygdrasil der Germanen ist oder ob der Baum nur noch eine Erinnerung an die alte Kraft, an die enge Verbindung zwischen der Lebenskraft der Menschen und der Bäume, ein heutiger Maibaum ist – er nährt und lehrt die Menschen, insbesondere die SchamanInnen.

Die Wurzeln reichen bis in die untere Welt, in der DämonInnen leben und das Totenreich sich entfaltet.

In den Zweigen des Baumes, der mittleren Welt, machen wir unsere Lebenserfahrungen, gewinnen Verbündete und die Dinge der Macht. Ganz oben aber, im Wipfel des Lebensbaums, wohnt die Schamaninnenmutter. Ihr wachsen wir zu, sie gibt uns besondere Kräfte, Zauberkräfte vielleicht. Sie prüft uns und fordert uns heraus.

Jeder Baum, jeder Stab, insbesondere jeder Zauberstab ist Symbol für den magischen Kosmos des schamanischen Weltenbaums, diese Achse zwischen Unterwelt und Himmel, Todeserfahrung und Entzücken. Die schamanische Trommel, die „Mutterseele" der Schamanin, wird aus dem Lebensbaum der Schamanin gefertigt. Ein Stück Holz wird aus dem Baum geschnitten, der Baum bleibt stehen.

Ein Leben lang ist die Schamanin mit ihrem Lebensbaum verbunden. Immer wenn sie die Trommel schlägt, weckt sie ihre Mutterseele und damit ihre Schamaninnenmutter. Die Trommel wird zum Sprachrohr zwischen Menschen und Geistwesen. Und die Reise zu den unteren Geistern, in die Totenwelt, in die Welt der Grenzerfahrungen braucht genau wie die Reise in die oberen Himmel den Lebensbaum, den Schamaninnenbaum als Weg. Auf dem Baum steigen die Schamaninnen hinauf und hinunter. Auf dem Lebensbaum steigen wir ein Leben lang herum: zur Seelenmutter, gern auch „höheres Selbst" genannt, in die Abgründe unserer Ängste und Begierden, in die Geborgenheit unseres Nestes, der irdischen Wohnung.

Der Schamane Ürüng-Uolan ging zum heiligen Baum, klappte die Ohrenklappen seiner Mütze hoch, ließ sich auf die Knie nieder und begann singend zu sprechen: Ehrwürdige und heilige Herrin, Geisterherrin meines Baumes und meiner Behausung! Alle Lebewesen haben einen Partner und erzeugen Nachkommen, die ihnen gleichen. Nur ich bin einsam... Der Baum rauschte mit seinen Blättern, und ein frischer feiner Milchregen überrieselte Ürüng-Uolan. Ein warmer Wind begann zu wehen, der Baum knarrte, und aus der Erde trat bis zum Gürtel die Geisterherrin des Baumes hervor. (A. Friedrich und G. Buddruss, „Schamanengeschichten aus Sibirien")

Von der heiligen Esche Ygdrasil, dem Weltenbaum der Germanen, wird uns überliefert, daß im Wipfel der Esche die Lichtelfen wohnen und die göttlichen Wesen Gericht halten. Die Zweige sind über die ganze Erde ausgebreitet, und in ihnen tummeln sich alle Ereignisse und Wesen des irdischen Lebens. Drei Wurzeln halten die Esche. Unter jeder Wurzel liegt ein Brunnen. An dem einen Brunnen liegt eine Schlange und benagt die Wurzel, an der anderen Wurzel liegt der Brunnen der Weisheit, unter der dritten Wurzel schließlich ist der göttliche Brunnen, bei dem die drei Nornen Urd, Waranda und Skuld leben, die menschlichen Geschicke leiten und die Wurzeln des Baumes mit heiligem Wasser und Lehm bedecken, so daß er nicht verdorrt. Ein Adler wacht in den Zweigen von Ygdrasil, vier Hirsche, die die vier Himmelsrichtungen und die vier Winde symbolisieren, leben dort und zwei Schwäne, die Boten der Totenwelt.

Die Beschreibung des Weltenbaums Ygdrasil hat mich zum erstenmal auf die Idee gebracht, daß auch das Horoskop ein Symbol des Lebensbaum, des Schamaninnenbaums sein könnte. Zumal es von der dritten

Wurzel mit dem Nornenbrunnen heißt, daß sie im Himmel wurzelt, was ja paradoxerweise heißen würde, daß die Wurzel den Kreis zum Wipfel schließt: das Bild des Horoskopkreises.

Im heiligen Baum unseres Lebens wächst unsere Macht. Alle Fähigkeiten und Gaben sind dort verborgen. Die Mutter des Baums, die Seelenmutter, die Geistermutter, die Schamaninnenmutter bewacht sie.

Der Baum einer Schamanin ist ihr spiritueller Wohnort. Hier erholt und erneuert sie sich. Hierher zieht sie sich in Zeiten der Gefahr zurück und stärkt sich, von hier zieht sie in den Kampf gegen Angreifer und feindlich gesinnte Wesen. Der Baum ist in der Erde verankert, aber er wächst ins Universum hinaus, kennt die Unterwelt ebenso wie den Himmel, nährt sich aus der Erde und aus dem Universum. Während sich die Wurzeln mit der Erde verbinden, sprechen die Blätter mit dem Wind und den Sternen. Dazwischen wächst der Stamm, stark, aber biegsam, mächtig, aber beweglich.

Bei den Hunza im Himalaya ist die Tradition des schamanischen Lebensbaums noch erhalten. Eine angehende Schamanin muß auf die kleine Plattform des kahlgeschlagenen Schamaninnenbaums steigen und dort als Schamanin neu geboren werden. Die bereits initiierten SchamanInnen der Region drehen neun Tanzrunden mit ihren Trommeln und lassen die angehende Schamanin dann allein auf dem Baum zurück.

Während das Dorf feiert und ißt, muß sich die Initiandin den Geistern stellen. Fällt sie vom Baum oder erträgt sie die lange Einsamkeit, das Ausgeschlossensein aus der Gemeinschaft nicht, taugt sie nicht zur

Schamanin. Der Baum ist in dieser Zeit Halt, Stärkung und Gesellschaft für die Schamanin. Sie lernt, mit dem Baum in Kontakt zu gehen, Kraft von diesem Baum anzunehmen. Ehe die Schamanin den Baum verlassen darf, feilschen die Schamanen beim Festmahl mit den Verwandten der neuen Schamanin um das Lehrgeld. Sie bieten ihre ganze Kunst auf, um möglichst viel herauszuschlagen. Ist man sich einig, darf die Schamanin herunterkommen und ihre neugewonnenen magischen Kräfte in ihrer Lebensgemeinschaft ausüben. Das Geld symbolisiert den Einstieg in die irdischen Belange. Denn das Heilige ist das Eine, aber das tägliche Leben ist von materiellen Bedürfnissen geprägt.

In der sibirischen Geschichte der Schamanin Uolumar ist der Schamaninnenbaum, die heilige Eiche, nicht nur Quelle der Kraft, Geburtsort und Spielplatz, sondern auch der Reiseweg des Dämons aus der Unterwelt, denn der Baum wurzelt ja in der geheimnisvollen Tiefe, wächst durch die mittlere, also unsere irdische Welt bis zum Himmel. Kein Wesen wird gebannt.

Im Sinn des Lebensbaums mit all seinen Wesen, mit dem Thema der Unterwelt, der materiellen Welt und der erhabenen, göttlichen Welt, besteht die Kunst des Lebens darin, alle Kräfte wahrzunehmen, zu verstehen, mit ihnen umzugehen und sie miteinander auszusöhnen. Die hohe Kunst der Schamanin besteht darin, daß sie auch das Schreckliche anschauen kann und erträgt, daß sie ihre Mittel und Verbündeten kennenlernt und eine Virtuosität im Umgang mit allen Wesen, allen Dingen ihres Lebens erlangt.

In der Tradition des schamanischen Lebensbaums gibt es keine moralische Wertung. Die Unterwelt hat ihre Funktion genau wie die mittlere Welt, die erfüllt ist von materiellen Bedürfnissen und Verwicklungen, und nicht höher wird die göttliche Ebene eingeschätzt. Die Geschichten vom Lebensbaum, vom Weltenbaum, in dem die Seele sich für die Zerstückelung durch die Geister vorbereitet, oder vom Schamaninnenbaum haben alle gemeinsam, daß es nicht darum geht, ein Ziel zu erreichen, sondern daß die Wanderung immer wieder in alle Bereiche geht. Immer wieder gibt es Kontakt mit den Verbündeten, Angriffe von Geistern, Erfolge, Niederlagen, Lust, Glückseligkeit, Angst, Überwindung von Hindernissen.

Bei den Evenken Sibiriens ist der Weltenbaum eine Achse zwischen Himmel, also Oberwelt, und Unterwelt. In der Zwischenwelt spielt sich das menschliche Leben ab, und die Schamanenmutter bereitet die angehenden SchamanInnen auf ihre Aufgabe vor.

In der steinigen Tunguska Sibiriens stellten SchamanInnen während der schamanischen Séance symbolisch einen Weltenbaum, meist eine Lärche, in ihrem Zelt auf, der Wipfel ragte aus dem Rauchabzug, die Unterwelt wurde durch aus totem Holz geschnitzte Geisteridole dargestellt, die die Helferwesen der Schamanin, des Schamanen darstellten. Dann wurde die eigene Seele zur Schamanenmutter im Wipfel des Weltenbaums geschickt, die aufpaßte, daß während der Séance kein Unglück geschah. Der Aufstieg auf den Weltenbaum zu den Hilfsgeistern geschah durch das Trommeln.

Nach den Mythen der Jakuten brütet eine Adlerin als Schamanenmutter im Wipfel des Weltenbaums die Seele der SchamanInnen aus.

In manchen sibirischen heiligen Bäumen werden *ytyks*, Zeichnungen, aufgehängt, die die Geister der beiden Schamaninnen Yrya-Dujaak und Kyrbyjdaan verehren oder auch zu Hilfe rufen. Diese beiden Schamaninnen gelten als sehr mächtig und als die Mütter einer ganzen Tradition.

In sibirischen schamanischen Lebensbäumen wohnt die Schamanenmutter im Wipfel. Zu ihr gehen wir, wenn wir Lernprozesse machen wollen, wenn wir nicht weiter wissen und Hilfe brauchen.

Die alten schamanischen Traditionen gehen von dem Prinzip aus, daß jeder Mensch alles Wissen, alle Hilfsmittel und alle Geisthelferwesen selbst hat. Denn im Lebensbaum eines jeden Menschen wohnen alle Kräfte, die dieser Mensch braucht, so wie in der Placenta eines jeden Säuglings alle Nährstoffe enthalten sind, individuell auf die Bedürfnisse des jeweiligen Menschen eingerichtet.

Viele Geschichten von Schamaninnen beschreiben die Verwandlung der Frauen in Tiere. Da sie im Lebensbaum in einem Nest großgezogen wurden, von der Tiermutter genährt und gelehrt, sind ihnen die Helferwesen so nahe, daß sie sich selbst in ihre Gestalt verwandeln können.

Die Schamanin Ajgyr verwandelte sich in einen Falken und flog mit ihrer Schwester durch die Lüfte. Die Schamanin Uolumar wurde zur weißen Stute und folgte ihrer Schwester, die sich auch in eine Stute verwandelte.

Die Verwandlungsspiele deuten an, daß die materielle Form keine endgültige sein muß, daß der eigene Geist viele Formen erfinden kann. Je intensiver die

Ausbildung im schamanischen Lebensbaum, um so vielfältiger die Möglichkeiten des Verwandelns.

Von vielen Schamaninnen wird erzählt, daß sie mit ihrer Schwester leben. Das erinnert an die Ursprungsmythen vieler Völker, in denen Freundinnen oder Schwestern einen Klan gründen, z.B. Tin Hinane und Kella bei den Tuareg oder in Australien die Djanggawul-Schwestern.

Die schamanische „Zerstückelung" des Körpers wird im schamanischen Lebensbaum durch das Abschneiden der Äste symbolisiert. Drei dürre Geister zerstückelten den angehenden Schamanen Michail, drei andere Geister warfen das Orakel mit seinen Knochen, aber Michail wollte nicht Schamane werden. Er verlor sein Augenlicht. Als er als alter Mann eine hohle Lärche fällte, fiel ein eiserner Vogel, wie sie an den Schamanenmänteln hängen, heraus und rief dreimal Kuckuck. Die Lärche wäre sein Schamanenbaum gewesen, hätte er sich dem Ruf gestellt.

Die Tiermutter sorgt für die seelische Nahrung und die Lernprozesse. Sie nimmt die Seele mit zum Wipfel des Lebensbaums. Sie ist die Beraterin und Helferin der Schamanin, mit ihr kann die Schamanin in die Unterwelt und in die göttliche Welt reisen. Zu ihr kommt die Schamanin, wenn sie schwere Aufgaben zu lösen hat.

11.
12.
1.
2.
3.
5.
6.
7.
8.

TRAUM-BAUM
Eine schamanische Reise

Das Universum ist ein großer leerer Raum? Vielleicht ist es eine Luftblase in einem noch größeren Meer? Vielleicht ist es das Auge eines unvorstellbar großen Lebewesens? Vielleicht ist es der Ort, an dem Traumbäume aus Wasser und Luft in Sterne wachsen?

Unsere Imagination wurde im Lauf der Jahrtausende heruntergebremst, uns sollen sogar absurde Ursprungsgeschichten wie „die Frau entstand aus der Rippe des Mannes“ plausibel erscheinen. Die Zeit der Aufklärung brachte die zweifelhafte Erkenntnis, daß nur das Beweisbare, Sichtbare, Greifbare existiert. Auf diese Weise wurden viele unserer Durchtritte zu anderen Ebenen verschüttet.

In einer Welt, in der Leistung, Fortschritt, Erfolg und Expansion als Werte gehandelt werden, verblaßt der Blick auf die feinen Schichten, die Dunkelheit, Stille und Zeit brauchen. Andererseits sind es gerade diese feinen Schichten, in denen die Nahrung für Kräfte verborgen ist, die uns helfen, in der materiellen Welt zu bestehen.

Je genauer eine ihre Wurzeln kennt, um so weniger kann ihr der Boden unter den Füßen weggezogen werden. Je mächtiger sich eine verbünden kann – zugegeben mit Wesen, die sich wissenschaftlich einfach nicht nachweisen lassen, die sich weigern, festgenagelt zu werden –, um so widerstandsfähiger wird sie in der Welt der Karrieren und Bankkonten.

Ich schlage also einen kleinen Ausflug zu dem Ort vor, an dem die unwahrscheinlichen Kräfte wurzeln, zu einem Lebensbaum emporwachsen und Früchte bringen, von denen wir nicht einmal zu träumen wagen.

Warum eigentlich nicht? Warum lassen wir uns lieber in einer Horrorvorstellung nieder und richten uns in Depressionen häuslich ein, wenn es magische Orte gibt, die ihren zauberischen Reichtum über uns ausschütten?

Geh in deiner Phantasie zu einer Landschaft, einer Gegend, die du liebst, in der du dich gern aufhältst, von der du fühlst, daß sie dir Kraft gibt. Laß diese Landschaft so genau wie möglich vor deinem inneren Auge entstehen. Nimm alle Einzelheiten wahr oder baue sie ein, wenn du sie nicht vorfindest.

Der Ort kann überall sein, am Meer, im Gebirge, in Manhattan, in der Wüste, in einer Wohnung, tief unten auf dem Grund eines Wassers – er ist für jede Person anders.

Stell dir jetzt vor, in dieser Landschaft steht ein Baum, dein persönlicher Traum-Baum, dein magischer Baum, dein Lebensbaum, dein Schamaninnenbaum – wie auch immer. Dieser Baum kann ein Phantasiebaum oder ein tatsächlich irgendwo existierender Baum sein.

Die Wurzeln des Baums gründen in deiner universellen Vergangenheit, das heißt in all den Erlebnissen und Einflüssen, die deine Persönlichkeit ausmachen. Der Stamm und die Zweige repräsentieren dein Leben auf der Erde, die Kräfte, die dir zu Hilfe kommen, deine Fähigkeiten, die Dinge, die für dich wichtig sind. Und der Wipfel des Baums breitet sich im Himmel aus, in der Sphäre, in die du wachsen willst.

Schau dir den Baum erst einmal von unten an, probiere aus, wie du ihn sehen willst. Dann steig auf den Baum. Gestalte dir Möglichkeiten, nach oben zu steigen, erfinde für dich selbst die Geschicklichkeit oder Fähigkeit, auf den Baum zu gelangen, da kann eine Leiter sein, eine Treppe, vielleicht sogar ein Weg, oder brauchst du einen Aufzug?

Vergiß nicht: In der Phantasie, in der Imagination hast du freie Hand, kannst jedes Hilfsmittel erfinden und die unwahrscheinlichsten Kunststücke machen.

(Wir nehmen oft Einschränkungen und Komplexe sogar in den Phantasiebereich mit, um unsere Machtlosigkeit zu untermauern. Eine Frau kniff einmal bei einer Phantasiereise die ganze Zeit angestrengt die Augen zusammen. Ich fragte sie nachher, warum sie das getan hatte, und sie sagte: Ich hab' doch meine Brille abgenommen, ich bin sehr stark kurzsichtig.)

Geh von Ast zu Ast und beobachte, was du in dem Baum findest. Manche Bäume beherbergen ganze Dörfer, Wüsten, Zauberberge, Ritualplätze, Weiher, alles ist möglich. Auf manchen Zweigen stehen Häuser, Zelte, Tipis, Jurten, Tempel, Dampfbäder, auf anderen warten begleitende Tiere oder andere Wesen. Auf manchen Zweigen fahren Autos auf Straßen, an den Ecken stehen vielleicht Menschen mit Mobiltelefonen, in Zimmerecken hängen vielleicht sogar gekreuzigte Jesusse, und unter der Kirchendecke schwebt eine Oma im Dirndlkleid.

Jede imaginiert, wie sie Lust hat, auch wenn mir auf meinen Traum-Baum kein Mobiltelefon kommt!

Steig immer weiter hinauf, und nimm wahr, wer oder was dir auf deinem Weg begegnet. Steig bis zum Wipfel, wo du möglicherweise eine Beraterin oder deine universelle Mutter oder deine Schamaninnenmutter triffst, vielleicht begegnest du dir auch selbst, vielleicht sogar in einem Erdspiegel (das ist ein polierter Onyx).

Niemand kann dir sagen, wie es auf deinem Lebensbaum aussieht oder was du dort vorfinden und erleben wirst. Vielleicht bleibt es auch nicht immer gleich. Vielleicht gehst du einen Tag hin, und es ist eine Eibe, und du findest eine Trommel und ein Schwein, und den nächsten Tag gehst du wieder hin, aber jetzt ist dein Lebensbaum eine Birke, und oben steht jetzt eine Jurte und davor eine Ziege.

Der Lebensbaum, deine Vision davon und deine Imagination der Begegnungen dort sagen dir viel über dein Leben und deine Kraft. In deinem Lebensbaum lernst du, deine eigene Symbolsprache zu entschlüsseln und deine Bilder der Kraft zu finden.

Wenn du den Baum oder gar Einzelheiten des Baums nicht sofort sehen kannst, sei nicht ungeduldig. In allen Stammeskulturen braucht es oft lange Zeit, manchmal Tage, manchmal Jahre, bis Visionen auftauchen, bis du deine Traumschichten, deine Traum-Ge-Zeiten entschlüsseln kannst.

Komplizierte Rituale fördern diese Visionssuche. In unserer hektischen Welt besteht der Anspruch, das Wesentliche möglichst in einem Abendvortrag zu erfahren und im Anschluß daran auch gleich erleuchtet zu werden, was immer das ist.

Die eigene Vision zu finden heißt nicht, mit großer

Anstrengung und mit Ehrgeiz daran zu „arbeiten“, sondern einen Weg zu gehen. Dieser Weg heißt: Ab jetzt achte ich auf Einzelheiten in meinem Leben. Was begegnet mir, welche Worte höre ich, welche Menschen tauchen in meinem Leben auf? Welche Fragen habe ich, und wo finde ich Antworten? Welche Fragen werden mir gestellt? Wovor habe ich Angst, wann werde ich dieser Angst ins Gesicht sehen? Welche Gefühle, Impulse oder Tätigkeiten verletzen die Landschaft meiner Traumzeit?

In diesem Sinn kannst du, so oft du Lust hast, auf deinen schamanischen Lebensbaum steigen und die unerwartetsten und erfreulichsten Überraschungen erleben, mit allem Vorgefundenen spielen und Neues entdecken, Geschenke in Empfang nehmen, Herausforderungen begegnen, Neuigkeiten über dein Leben und deine Fähigkeiten erfahren und irgendwann auch deine Verbündeten sammeln, um dein Leben in deinem ureigensten Sinn zu verändern.

Die Sternzeichen

Astrologie ist eine Hilfskonstruktion. Sie soll uns das Gefühl geben, daß die Kräfte im Universum ordentlich und berechenbar sind. Der Astrologie nach dreht sich der Sternenhimmel um die Erde und wendet uns recht freundlich mal das eine, mal das andere Zeichen zu. Gelegentlich tauchen Planeten auf, schicken uns eine spezifische Kraft und verschwinden wieder.

Nur einmal, ganz kurz, möchte ich mit der Idee spielen, daß die Erde in Wirklichkeit ein winziger, verlorener Punkt in der Weite des Universums ist, ein im Kern glühendflüssiger Ball, der mit unvorstellbarer Geschwindigkeit um die Sonne rast. Wir sitzen auf diesem Ball und sind eigentlich die meiste Zeit nur damit beschäftigt, den Einfluß aus dem Universum zu leugnen oder herunterzuspielen. Freundlicherweise hält uns die Schwerkraft der Erde fest, so daß wir weiter keine Probleme mit diesem Universum haben.

Bleiben wir bei der astrologischen Vorstellung, der „Himmel" drehe sich um die Erde – und tatsächlich stellt es sich für uns ja so dar, denn wenn wir den Nachthimmel beobachten, drängt sich einfach auf, daß der Himmel vor unseren Augen weiterwandert. Wenn wir den Erdäquator auf den Himmel übertragen, wird *die scheinbare Bahn der Sonne um die Erde (die „Spiegelbahn" der Erde um die Sonne)... zur Ekliptik.*

Da wir nun den erdgebundenen Äquator als richtungweisend annehmen, erscheint jetzt die Ekliptik um 23,5 Grad gegen den Äquator geneigt (Baker und Hardy, „Der Kosmos-Sternführer"), weil ja die Erdachse etwa 23,5 Grad geneigt ist. Auf dieser Ekliptik liegen die zwölf Sternzeichen, die wir kennen. Sie wurden auf 30 Grad festgelegt, obwohl manche kleiner, manche größer sind, und ergeben insgesamt dann die 360 Grad, die eine volle Erdumdrehung ausmachen.

Wenn wir uns vom Beobachtungspunkt Erde aus diese Sternzeichen wie Kuchenstücke vorstellen, die oben ganz breit sind und zur Erde hin ganz schmal werden – der äußere Kreis des Tierkreisrades ist dann die imaginäre Ekliptik –, können wir uns leicht vorstellen, daß es weitere „Sternbilder" gibt, die diesseits und jenseits der Ekliptik liegen.

Wer den Nachthimmel anschaut, hat mit dieser Tatsache sowieso kein Problem, denn es braucht schon ein bißchen Übung, die zwölf Sternzeichen aus der Fülle von anderen Sternen, die andere Bilder ergeben, herauszufiltern. Mit anderen Worten: Der Himmel um uns herum ist übersät mit Sternen, die wir in Sternbildern aller Art definieren.

Da ist zum Beispiel die Große Bärin, *Ursa major.* In unseren Breiten, also in nördlichen Regionen, ist sie am Nachthimmel immer zu sehen, weil sie zirkumpolar ist, also aus unserer Sicht um den Nordpol kreist, mal steht sie tiefer, mal höher. Sie steht an der engeren Stelle des Kuchenstückchens in einer gedachten Achse zum Sternbild Löwe. Was mich betrifft, hat die Große Bärin auf mein Leben großen Einfluß gehabt, obwohl sie nirgendwo in der Astrologie auftaucht, ebenso wie Cassiopeia, das Himmels-W. Ich orientiere mich an diesen Bildern, an diesen Kräften, so sehr, daß sie mir Heimat geworden sind. Sehe ich sie, kann ich nicht wirklich verloren sein.

Oder nehmen wir den Delphin: Er steht neben dem Sternzeichen Steinbock, wurde aber von Astrologen nie beachtet. Die Astrologie hat der Einfachheit halber Sternbilder für die Deutung herangezogen, die genau auf der Ekliptik liegen, und ich vermute, es ist irgendwie sinnvoll, bei dieser Deutung zu bleiben, wenn wir Horoskope erstellen, weil es da einfach viele Erfahrungswerte gibt, die, so ungenau sie auch sein mögen, doch erstaunlich stimmig sind.

Für unser Bild des schamanischen Lebensbaums möchte ich aber die Zeichen, die in unmittelbarer Nachbarschaft zu den offiziellen Sternzeichen liegen, mit in die Deutung einbeziehen, weil spirituell gesehen diese Kräfte genausoviel Einfluß auf uns haben wie die Sternzeichen (für SkeptikerInnen: genausowenig).

Du kannst dir eine Himmelskarte kaufen, am Nordpol einen Punkt malen und von diesem Punkt zwölf 30-Grad-Kuchenstücke am äußeren Rund der Himmelskarte einzeichnen, dann siehst du ja selbst, welche Zeichen jeweils in einem 30-Grad-Stück stehen, und kannst mit dieser Idee spielen.

Das Sternzeichen, das du „bist", ist das Zeichen, in dem die Sonne bei deiner Geburt steht; der Aszendent ist das Zeichen, das bei deiner Geburt im Osten aufgeht. Die babylonische Astrologie verfuhr nach der Faustregel: Die Faust gegen den östlichen Horizont halten, eine Faust entspricht 30 Grad im Himmel. So kannst du den ganzen Himmel ausmessen, wenn du keinen Computer und keine Meßgeräte dabei hast. Das Ergebnis ist dasselbe.

Das Zeichen, in dem die Sonne steht, ist niemals sichtbar, denn es steht am Taghimmel und wird vom Licht der Sonne überstrahlt. Erst aus der Entfernung, am Nachthimmel, wird es sichtbar, womit meine Brecht zuwiderlaufende Lieblingsthese zum Tragen kommt: Denn man sieht nur die im Schatten, die im Lichte sieht man nicht.

Je länger ich mich mit Astrologie beschäftige, um so mehr bin ich überzeugt, daß vor allem die Jahreszeit bei der Geburt großen Einfluß hat. Es fühlt sich anders an, wenn ein Kind den ganzen Winter im geschützten Mutterleib getragen wird und mit dem Wachsen der Sonne und der Lebenskraft der Natur auf die Welt kommt, als wenn es mit dem Nachlassen der Sonnenkraft im Winter die Welt zum erstenmal wahrnimmt.

Viel von dem, was den Sternzeichen an Wirkung zugesprochen wird, sehe ich in der Qualität der jeweiligen Jahreszeiten, in der Entfaltung oder im Rückzug der Natur zur Zeit der Geburt. Das heißt natürlich auch, daß eine Person, die im Winter geboren wurde, die ganze Kraft des Sommers durch die Mutter eingesogen hat, während eine sommergeborene Person vielleicht die Niedergeschlagenheit der Mutter über Kälte und schlechtes Wetter mit aufgenommen hat. Ich finde es sinnvoll, beim Analysieren des eigenen Horoskops auch darüber mal nachzudenken.

Bei der Beschreibung der Sternzeichen gehe ich ausnahmsweise einmal nicht davon aus, daß ein einziges Zeichen eine Wirkung hat, sondern die Kombination von Sternen am Himmel, daß die Sterne, unsere

Spielgefährtinnen, uns Kräfte wie Bälle zuwerfen (siehe das Kapitel „Fixsterne“ in „Berühre Wega“) und wir uns „besternen“ können, wie Else Lasker-Schüler das in einem Gedicht beschrieb, oder einfach mit diesen Energien spielen.

Widder/Plejaden
Die geballte Frühlingskraft entfaltet sich, aufsteigende, heiße Energie, Durchsetzungskraft, Kühnheit, Lust an Neuem, Willenskraft, die Energie des Neuanfangs, die Fähigkeit zur Kommunikation, Auflösung starrer Strukturen, Beweglichkeit, Lust, Heiterkeit und telepathische Fähigkeiten. Das Widderfeuer könnte am besten mit dem vulkanischen Feuer beschrieben werden.

Stier/Hase/Eridanus (Unterweltsfluß)
Erdverbundenheit, Grenzen ziehen, sinnliche Freude an der Natur und den materiellen Dingen, Körperlichkeit, Wissen um Grenzen und Grenzüberschreitungen, die Faszination am Geheimnis, Ausdauer, Stabilität, das alte Wissen der Welt, Lust am Sinnlichen, ausgeprägte sexuelle Kraft. Die erdige Kraft von Stier ist der Acker.

Zwilling/Hund/Einhorn
Beweglichkeit, Aufgeschlossenheit, Leichtigkeit, Altruismus, die Kraft der Gerüche und der Farben, Interesse an allem und Unlust, sich festzulegen, Entdeckungslust, Spaß an Neuem, Musikalität. Die luftige Kraft von Zwilling entspricht Tönen und Düften.

Krebs/Wasserschlange
Fürsorglichkeit, Loyalität, Familiensinn, Zärtlichkeit,

Sensibilität, das Thema Schutz ist wichtig, Umsicht, Feinfühligkeit bei großer Durchsetzungskraft, Ehrgeiz. Die wässrige Kraft von Krebs entspricht dem Meer.

Löwe/Luchs
Großzügigkeit, Herzlichkeit, Wärme von der Qualität des Herdfeuers, Nahrung, Klan-Bewußtsein, Mütterlichkeit, Lust an der eigenen Kraft, mittelpunktsorientiert. Selbstbewußtsein, überschäumende Lebensfreude, Freundschaft. Die feurige Kraft von Löwe entspricht der Sonne.

Jungfrau/Haar der Berenike
Sinn für Struktur, Ordnung, Reife, Fülle, Weisheit, bewußter Umgang mit Materie, Lehre, Lernprozesse, Wissen um Sterben und Tod. Die erdige Kraft von Jungfrau entspricht Blumen und Früchten.

Waage/Wolf
Sehnsucht nach Harmonie, Friedfertigkeit, friedlichen Lösungen, Lust an Schönheit, Ästhetik und Perfektion, Energien verbinden, Aussöhnung, Recht und Gerechtigkeit, feines Gespür für Klänge und Gerüche. Die luftige Kraft von Waage entspricht den Winden und den vier Himmelsrichtungen.

Skorpion/Schlange
Wahrhaftigkeit, Leidenschaft, magische und telepathische Fähigkeiten, Wissen um Grenzsituationen, Kraft aus der Dunkelheit des Universums, Zielstrebigkeit, Klarheit, Unbestechlichkeit, Intuition. Die wässrige Kraft von Skorpion entspricht dem Strom.

Schütze/Füchschen/Südliche Krone/Adler
Herzlichkeit, liebevolle, schöpferische Kraft, Phantasie, die Lust am Reisen mit Geist und Körper, Visionskraft, Philosophie, Gemeinschaftsgefühl, Verantwortungsbewußtsein. Die feurige Kraft von Schütze entspricht dem Ritualfeuer.

Steinbock/Delphin
Kraft aus der Kargheit, Genauigkeit, verantwortungsbewußter Umgang mit Materie, Geselligkeit, Loyalität, kollektive Verantwortung, Gründlichkeit, archivarische Qualitäten. Die erdige Kraft von Steinbock entspricht dem Berg und der Berghöhle.

Wassermann (Engel)/Pegasus
Lust an der Lehre und am Wissen, auch Wissenschaftlichkeit, akademische Arbeit, Philosophie, Klarheit und Wachheit, Unbestechlichkeit, Zuverlässigkeit, die Lust, neue Wege zu gehen und Theorien zu entwickeln, Eigenwilligkeit. Die luftige Kraft von Wassermann (Engel) entspricht dem Atem.

Fische/Walfisch
Starke Intuition, Traumkraft, übersinnliche Fähigkeiten, Suche nach Sinn und Neuem, grenzüberschreitende Kraft, Auflösung der Materie, Urwissen der Menschheit, Sensibilität, Hingabe, Antennen für Schwingungen aller Art, Abtauchen. Die wässrige Kraft von Fischen entspricht der Quelle.

Die astrologischen Häuser

Die Häuser sind vielleicht der umstrittenste und willkürlichste Faktor in einem Horoskop, in dem Versuch, Himmel und Erde einander näher zu bringen. Wir brauchen die Einteilung in Häuser, um die Kräfte aus dem Universum in einen Lebenszusammenhang zu setzen. Der Aszendent wird durch das im Geburtsmoment aufsteigende Sternzeichen bestimmt. Die Berechnung der weiteren Häuser kann dann entweder nach einem komplizierten System durchgeführt oder einfach vom Aszendenten, der ja das erste Haus anführt, in 30 Grad großen gleichen Häusern weiterberechnet werden.

Wenn du die Berechnungen nicht selbst machen willst, kannst du dir ein Computerhoroskop erstellen lassen. Allerdings rate ich dringend ab, die standardisierte, zum Teil wirklich schwachsinnige Deutung zu lesen, irgend etwas davon bleibt hängen und beunruhigt die eine oder andere jahrelang. Es ist auch viel interessanter, sich aufs eigene Horoskop wie auf eine Abenteuerreise einzulassen, Hindernisse und wunderbare Ereignisse darin zu entdecken und immer tiefer in das eigene Wissen einzutauchen.

Die Koordinaten eines Horoskops sind denkbar einfach: Es gibt die Zeichen, die Häuser und die Planeten oder Himmelslichter. Wenn du einen groben Überblick über die Bedeutung dieser Faktoren hast, kannst du anfangen, deine Lebenslandkarte zu entwerfen, mit immer neuen Wegen, Fluchtpunkten, Ruhestätten, heiligen Orten, Orten der Kraft und Energetisierung. Mit der Vorstellung, daß die Häuser Äste an deinem Lebensbaum sind, auf denen du sitzen, dich ausruhen, dich aufladen oder einen Schrein errichten kannst, wird das Ganze vielleicht sogar sinnlich erfahrbarer.

1. Haus (vom AC, dem Aszendenten, also dem aufsteigenden Sternzeichen im Osten, angeführt)
Das erste Haus beschreibt deine Persönlichkeit, deine besondere Kraft, wie du das Leben angehst, mit welcher energetischen Qualität du dich in der Welt einbringst, wie du deinen Raum einnimmst, es zeigt auch deine Stärken und Schwächen und wie du Gestalt annimmst.

2. Haus
Hier ist dein Umgang mit Materie, Natur und Geld beschrieben, die Umgebung, die dich beeinflußt, deine Art, Wünsche und Visionen zu materialisieren, die Fähigkeit, deine Träume zu leben, die Zeichen, die du in der Welt setzt, und natürlich auch die Besonderheit deiner magischen Dinge, Altäre, Schreine.

3. Haus
Das dritte Haus zeigt deine Fähigkeit zur Kommunikation, wie du Impulse abgibst und aufnimmst, wie du andere verstehst und verstanden wirst, welche Kommunikationsmittel du bevorzugst, auch deine Fähigkeit zu nicht-verbaler Kommunikation. Im Magischen sagt das dritte Haus etwas über deine Fähigkeit zum Rufen,

Bannen und Besprechen und zeigt dir etwas über deine Mittel zum Rufen, wie z.B. Gesang, Trommeln, Rasseln.

4. Haus (vom IC, dem Mitternachtspunkt, dem Zeichen im Norden angeführt)
Hier erfährst du etwas über deine Herkunft, deine Wurzeln, deinen Ursprung, auch über deine Kindheit und die Einflüsse aus dieser Zeit, zum Beispiel durch dein Elternhaus. Es geht aber auch tiefer in den Ursprung deiner ureigenen Energie, und im Sinne des schamanischen Lebensbaums zeigt es, in welcher energetischen Qualität deine Wurzeln sind, wo du Halt und Sicherheit findest, was dir zur Bewältigung des irdischen Lebens gegeben ist.

5. Haus
Das fünfte Haus ist das Spielzimmer, der Tanzsaal, der Paradiesgarten. Hier erfährst du etwas über deine Fähigkeit zu genießen, zu feiern, über dein Verhältnis zum Kindlichen, auch zu deiner kindlichen Spontaneität. Lust und Liebe, Spiel und Ritual werden hier beschrieben.

6. Haus
Das sechste Haus ist das Haus des Körpers und wie du mit deinem Körper umgehst und arbeitest. Stärken und Anfälligkeiten, die Qualität deines Körpergefühls und wie du dich über Arbeit in die Gemeinschaft der Menschen einbringst, wird hier angesprochen. Dein Verhältnis zu Techniken wie Yoga, Meditation, Gymnastik, Akrobatik oder körperlicher Anstrengung ist eben-

so beschrieben wie die Kraft deiner Sinne und die magischen Substanzen Haut (Nägel) und Haar, Hand und Fuß, Spucke und Blut.

7. Haus (vom DC, dem Deszendenten, also im Westen absteigenden Sternzeichen angeführt)
Hier entfaltet sich deine Art, Freundschaften, Gemeinschaften, Partnerschaften und Familie, auch Wahlverwandtschaft, zu gestalten. Wie gehst du mit Menschen um, welche Qualität hat deine Beziehung zu anderen Menschen, wieviel Lust hast du auf enge Bindungen oder tiefe Freundschaft. Im Magischen ist auch dein Kontakt zu anderen, nichtmenschlichen Wesen angesprochen und deine Fähigkeit, mit Lebewesen des Universums in Verbindung zu treten.

8. Haus
Das achte Haus beschreibt deine Art, Sexualität auszuleben und Grenzerfahrungen zu wagen. In diesem Haus werden auch Gewalt, plötzliche schockierende Ereignisse, Verlust, Schmerz, Abhängigkeiten, Suche und Sucht, Grenz- und Todeserfahrungen thematisiert.

9. Haus
Hier entfaltet sich deine Fähigkeit zur Imagination, deine Visionskraft, deine Phantasie und deine Lust zum Reisen – sowohl mit dem Körper als auch mit dem Geist. Erfindungsgabe, neue Ideen, spontane Einfälle und Theorien werden hier entwickelt. Das neunte Haus zeigt dir die Qualität deiner Einbildungskraft. Im Magischen sind hier schamanische Reisen und Trancen beschrieben.

10. Haus (durch den MC, Mittagspunkt, also das am südlichen Himmel stehende Zeichen angeführt)
Das zehnte Haus zeigt, wohin du wächst, dein Lebensziel, deine Bestimmung, die Qualität deiner Bestrebungen und deines Wachstums, auch deinen Ehrgeiz und die Art, wie du im Leben weiterkommst, Karriere machst, erfolgreich wirst, wo es dich hinzieht, wohin deine Seele sich sehnt. Im Bild des schamanischen Lebensbaums ist das zehnte Haus der Wipfel, die Krone deines Lebensbaums, in dem deine Schamaninnenmutter sitzt. Das Zeichen, in dem dein zehntes Haus steht und/oder die Planeten oder Himmelslichter, die du im zehnten Haus hast, beschreiben deine schamanische mütterliche Energie, die dich leitet.

11. Haus
Im elften Haus versammeln sich deine FreundInnen, GönnerInnen, alle Ereignisse, die dir zuarbeiten, alle Kräfte, die dir wohlgesonnen sind. Das elfte Haus beschreibt die Qualität deiner Helferwesen, Verbündeten und Beraterinnen und die Art, wie dir Hilfe zuwächst. Hier erfährst du etwas darüber, wo du dir nichts erarbeiten mußt, wo dir etwas zufällt und von welcher Qualität dieses Zugefallene, diese Zufälle sind. Im Magischen stehen hier deine Hilfsgeister.

12. Haus
Das geheimnisvollste aller Häuser ist das zwölfte. Hier hast du deine Schätze vergraben, deine Geheimnisse aufbewahrt. Hier sind deine unterirdischen Schatzkammern, hier bewahrst du dein Eingemachtes auf, hier zeigen sich dein tiefes Wissen, deine universelle Ver-

bundenheit, deine spirituellen Verbindungen, deine magische Kraft. Im zwölften Haus erfährst du etwas über deine Traumzeit, über deine Traum-Ge-Zeiten, also den Rhythmus deiner ureigenen Kraft, und auch etwas darüber, womit diese Kraft verbunden ist, wovon sie sich nährt. Deine Verbindungen zum Außerirdischen, Überirdischen sind hier beschrieben und die Fähigkeit, dein Leben zu träumen, umzuträumen.

Das zwölfte Haus ist der Ort deiner Initiation in deine tiefe, selbstgefundene, selbsterfundene, selbstgeschaffene, aus dir selbst geborene Macht. Das Verständnis deines zwölften Hauses macht dich zu deiner Meisterin.

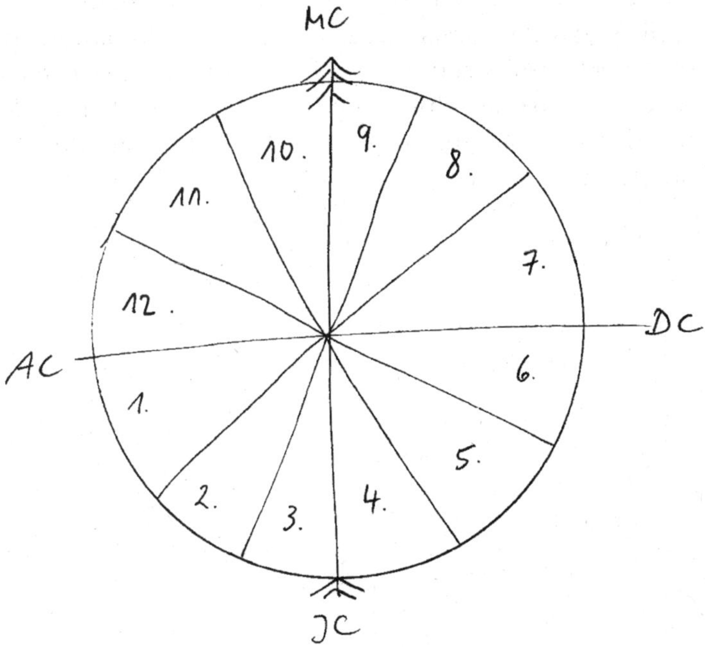

MC
DC
IC
AC
1.
2.
3.
4.
5.
6.
7.
8.
9.
10.
11.
12.

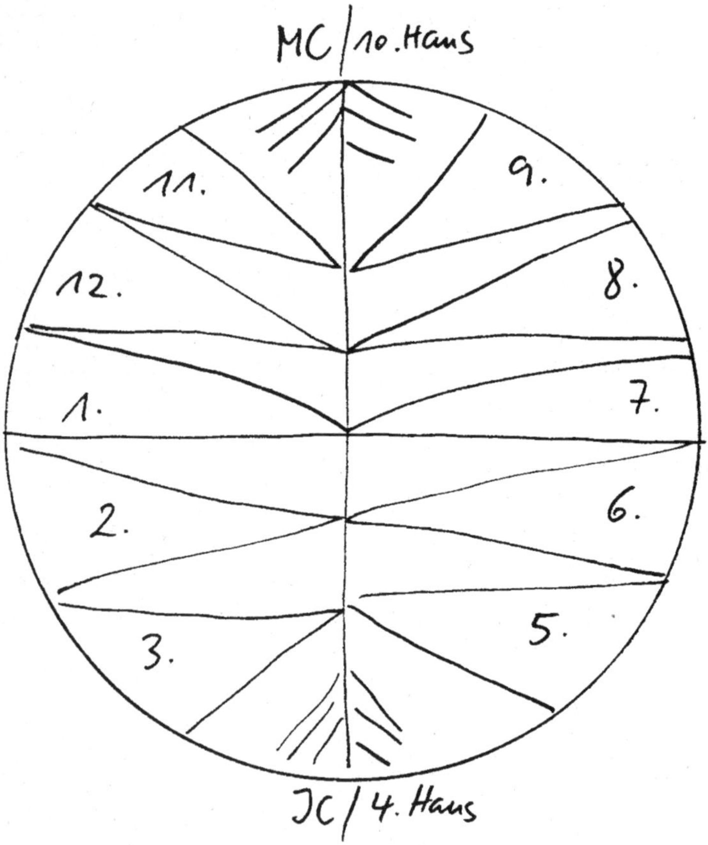

MC / 10. Haus
11.
9.
12.
8.
1.
7.
2.
6.
3.
5.
IC / 4. Haus

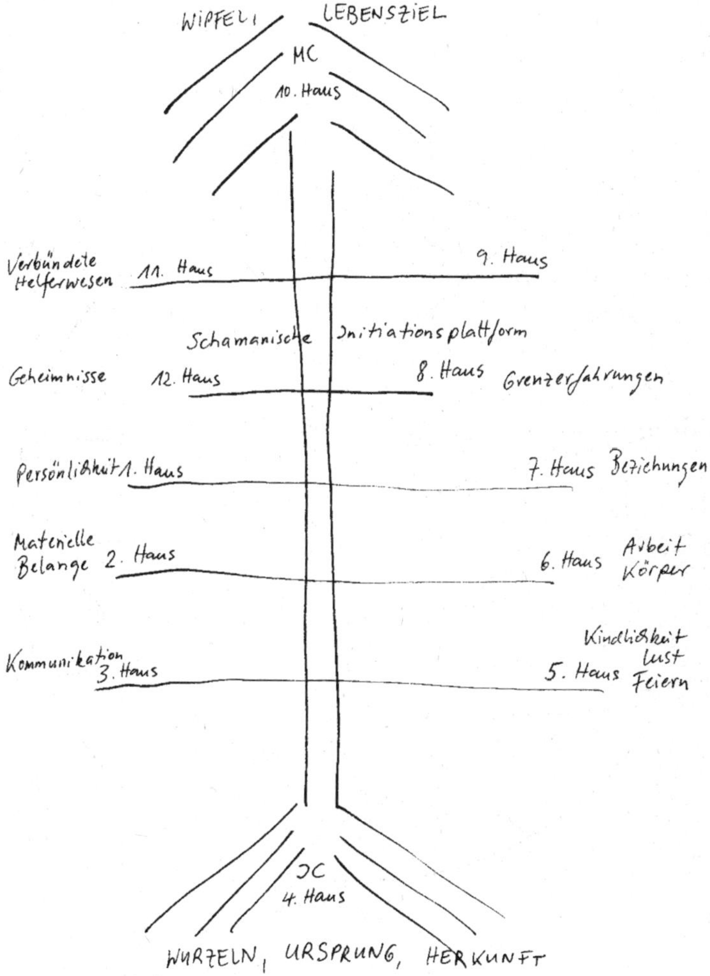

Die Häuser in den Ebenen.

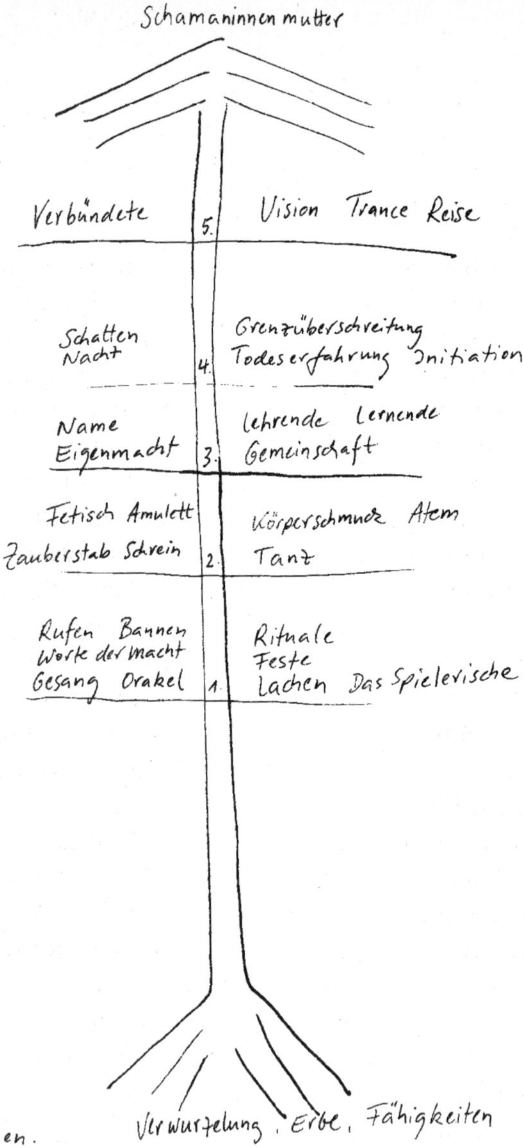
Schamaninnenmutter
Verbündete
5.
Vision Trance Reise
Schatten
Nacht
4.
Grenzüberschreitung
Todeserfahrung Initiation
Name
Eigenmacht
3.
lehrende Lernende
Gemeinschaft
Fetisch Amulett
Zauberstab Schrein
2.
Körperschmuck Atem
Tanz
Rufen Bannen
Worte der Macht
Gesang Orakel
1.
Rituale
Feste
Lachen Das Spielerische
Verwurzelung. Erbe. Fähigkeiten

Die Ebenen.

Horoskop und Lebensbaum

Der schamanische Lebensbaum wächst in jedem Horoskop vom Mitternachtspunkt, der Spitze des vierten Hauses, zum Mittagspunkt, der Spitze des zehnten Hauses, nach oben. Die Zweige dazwischen sind die Häuser, die Sternzeichen beschreiben die Qualität der Häuser, also welche Einrichtung, welche Hilfsmittel du vorfindest, wenn du in deinen Lebensbaum steigst.

Es heißt zwar: Das vierte Haus zeigt dir deine Wurzeln, deinen Ursprung, und: Im zehnten Haus siehst du, wohin du wächst, aber mit dem Bild des Baums wird das in der traditionellen Astrologie sehr selten verglichen. Dabei drängt sich dieses Bild geradezu auf.

Am Mitternachtspunkt (IC) und im vierten Haus sind deine Wurzeln. Sie zeigen, aus welcher Energie, welchem Element, welchen besonderen Kräften du dich formst. Dann wächst dein Lebensbaum nach oben und ragt beim Mittagspunkt (MC) und im zehnten Haus in den Himmel. Der Wipfel deines Lebensbaums zeigt dir, welches Element, welche Energie dein Wachstum fördert, welches Thema du dir im Leben stellst, wohin du wachsen willst, welches Lebensziel du vielleicht anpeilst oder in welcher Kraft du dich verwirklichen willst. Wie aber passen die anderen Häuser in das Bild des Baums?

Unmittelbar neben dem Mitternachtspunkt und dem

vierten Haus, der Wurzel deines Baums, sind das dritte und das fünfte Haus.

Die klappst du jetzt einfach einmal hoch wie zwei Äste. Sie bilden die erste Ebene deiner Baumäste: Unten ist die Wurzel, der Ast links am Stamm ist das dritte Haus und der rechte das fünfte Haus. Das Thema des dritten Hauses ist Kommunikation: Wie machst du dich verständlich, wie verstehst du andere, und was sind deine Möglichkeiten der Kommunikation? Thema des fünften Hauses ist die Fähigkeit zu feiern, zu genießen, die eigene Kindlichkeit zu leben, auch Schönheit und Ästhetik.

Jetzt klappst du das zweite und das sechste Haus hoch, über die beiden untersten Äste kommt jetzt die nächste Ebene. Der linke Ast stellt das zweite Haus, also die Beziehung zur Materie, Hab und Gut dar, der rechte steht für den Körper und die Art, wie du arbeitest, was du arbeitest und wie du mit deinem Körper umgehst.

Über diese Ebene klappst du das erste und das siebte Haus. Der linke Ast steht für das Thema des ersten Hauses, also deine Persönlichkeit, deine Energie, wie du auf das Leben zugehst. Der rechte Ast steht für das Thema des siebten Hauses: Wie du zu anderen Kontakt aufnimmst, welche Bindungen oder Gemeinschaften du eingehst und welche Qualität deine Art, Beziehungen zu knüpfen, hat.

Jetzt klappst du auch noch das zwölfte und das achte Haus hoch, in die nächste Ebene der Äste. Hier bist du an der schamanischen Plattform deines Lebensbaums angelangt, denn diese beiden Häuser beschreiben ja die Grenzüberschreitungen und die Initiation in deine uralte, magische Kraft. Das Thema des zwölften Hauses wird durch den linken Ast dargestellt: deine kosmischen, karmischen Ur-Verbindungen, deine alte Erinnerung, dein altes Wissen, die Qualität deiner spirituellen Kraft. Der rechte Ast beherbergt das Thema des achten Hauses: Grenzüberschreitungen, Todeserfahrungen, Risikobereitschaft, Extremsituationen, die Tiefe der Seele.

Diese beiden Häuser, die die Initiationsebene deines schamanischen Lebensbaums bilden, führen dich in die Tiefe deiner kosmischen Existenz. Immer wenn du auf dieser Höhe verweilst und Begegnungen suchst, wirst du mehr über deine besondere Kraft erfahren und darüber, was du dir in diesem Leben vorgenommen hast.

Die letzte Ebene schließlich wird aus dem elften Haus und dem neunten Haus gebildet. Der linke Ast steht für die Thematik des elften Hauses. Da erfährst du etwas über die Dinge, die dir zufallen, über die Bündnisse, die du schließt, über die Helferwesen, die dir zur Seite stehen. Der rechte Ast beschreibt deine Fähigkeit, mit dem Körper und mit dem Geist zu reisen, und die Qualität deiner Reiseerfahrungen.

Das zehnte Haus mit dem Mittagspunkt, MC, ist der Wipfel, in dem sich deine Bestimmung, dein Lebensziel herausbildet. Immer wieder steigst du hinauf zum Wipfel, wanderst auf den Wegen der Äste deines Lebensbaums umher, steigst hinunter zur Wurzel und zu den Brunnen der Weisheit und der Heilung, befragst die drei Nornen, steigst wieder hinauf. Indem du deinen schamanischen Lebensbaum erforschst, sammelst du deine Fähigkeiten und Kräfte für die Aufgaben, die du dir stellst.

Planeten, Himmelslichter und Mondknoten als Verbündete

Wenn die Häuser den Raum beschreiben, in den du eintrittst, und die Sternzeichen die Qualität, mit der dieser Raum eingerichtet ist, beschreiben die Planeten, die Himmelslichter und die Mondknoten die BesucherInnen, mit denen du Kontakt aufnimmst – oder sie mit dir, je nachdem, wie es dir lieber ist.

Im Sinn des schamanischen Lebensbaums könnte ich auch sagen: Sie sind deine Helferwesen, die dir beim Gelingen deines Lebens beistehen, oder sie sind deine MitarbeiterInnen, die bestimmte Fähigkeiten haben und sie dir beibringen.

Ich denke sowieso, daß es gut ist, sich von der Vorstellung zu lösen, eine Einzige zu sein. Dieses Individuelle am Ich ist zwar irgendwie vertraut und rührend, aber nicht zu halten. Denn schon der Körperkosmos beinhaltet Siedlungen, Flucht- und Migrationsbewegungen von Kleinlebewesen aller Art, ganz zu schweigen von den Botenstoffen, von denen eben mal ein paar Hundert vage bekannt sind, während Tausende, Abertausende vielleicht, unseren Körper steuern, informieren, zu Reaktionen zwingen.

Also bereits im materiellen Bereich gibt es viele Wesen, die ein Ich nähren. Auf der spirituellen Ebene ist das nicht anders. Viele Energien tun sich zu einer Person zusammen, manchmal geht ein Teil dieser

Kräfte verloren, und wir sprechen sogar von einem Persönlichkeitsverlust.

Vergiß wenigstens für kurze Zeit die herkömmliche Astrologie mit ihren moralischen Einteilungen von gut und böse, nützlich und hinderlich, positiv und negativ. Im Sinn des schamanischen Lebensbaums bekommst du Patinnen, die dich in ihre jeweilige Kraft initiieren. Wenn du damit nicht umgehen willst oder kannst, ist das deine Sache, aber grundsätzlich stehen dir Lernprozesse abrufbereit zur Verfügung.

Du kannst sie mit deinem Horoskop entschlüsseln, du könntest dir auch die Karten legen – besser noch: in eine Wasserpfütze schauen – und genau dasselbe entdecken. Alle Orakelmethoden, auch das Horoskop, sind ja Hilfskonstruktionen, uns auf das zu konzentrieren, was in uns steckt, was wir zum Blühen bringen können.

Um eine bestimmte Kraft zu aktivieren, kannst du in einer Phantasiereise auf die Ebene deines schamanischen Lebensbaums steigen, wo diese Kraft durch einen Planeten, ein Himmelslicht (Sonne oder Mond) oder Mondknoten vertreten ist. Du kannst mit ihnen in Kontakt treten, sie abfragen, sie in dich aufnehmen.

Sonne

Die Sonne verkörpert die Lebenskraft, die Fähigkeit, uns selbst zu erneuern und zu heilen, die Persönlichkeit. Wo die Sonne als Patin steht, schenkt sie schier unermüdliche Energie, läßt das Thema des Sternzeichens und Hauses aufleuchten und kräftig wachsen. Im schamanischen Lebensbaum bezeichnet die Stellung der Sonne den Ort, an dem du in deiner Unbeirrbarkeit bestärkt, aufgeladen, neu motiviert und gestärkt wirst. Das Sonnentier ist der Löwe.

Mond

Die Mondkraft verkörpert das Zyklische in der Natur, im Rhythmus der Frauen, die Empfindsamkeit, die Einfühlungskraft, die Gefühle, auch die Unsicherheiten und Verletzlichkeiten. Die Stellung im Lebensbaum zeigt, wo du Schutz brauchst, aber auch, wo du wichtige Erfahrungen machst, die deine Sensibilität und das Mitgefühl für andere Wesen nähren und immer wieder deiner eigenen Verletzlichkeit und Weichheit nahegebracht wirst. Das Mondtier ist die Eule.

Merkur

Die Kraft von Merkur ist schnell, wandelbar. Informationswellen, Wissen, Lernprozesse, Intelligenz, Aufnahmefähigkeit und die Verbindung zu unbekannten Energien, zum Göttlichen in dir und außerhalb werden durch Merkur symbolisiert. Wo Merkur in deinem Lebensbaum sitzt, wirst du deinen Ausguck haben, deine Telefonzentrale, dein Faxgerät oder deine Brieftauben. Die Merkurtiere sind die Raben.

Mars

Der Planet Mars verkörpert Kraft, Durchsetzungsvermögen, Entschlossenheit, die Lust zum Handeln, in der Praxis wohl auch Gewalt und Zerstörung, schöpferische Energie und die Kraft, schöpferische Prozesse durchzustehen. Mars ist in deinem Lebensbaum dein „personal trainer". Zum Mars gehört der Panther.

Venus
Schönheit, Heiterkeit, Ästhetik, Hingabe, Erotik, weiche, genußvolle Energie, Sinnlichkeit, Lust, Spielerisches und Sexualität gehören zur Venus. Wo Venus in deinem Lebensbaum wohnt, ist Genießen und Feiern angesagt. Das Tier der Venus ist die Kröte.

Jupiter
Wie jede Person bei ihrer Geburt ihre persönlichen Glückshormone mitbekommt, so hat auch jede in ihrem Horoskop das Glück in Gestalt von Jupiter zur Seite. Jupiter steht für Philosophie, Einfallsreichtum, Phantasie, Kreativität, für die Lust am Neuen, an Entdeckungsreisen mit Geist und Körper und vor allem für das Glück. Wo Jupiter in deinem Lebensbaum steht, kannst du dein Glück rufen und erneuern. Dort fallen dir Ideen zu und reifen Theorien heran. Jupiters Tier ist die Bärin.

Saturn
Die Hüterin der Schwelle, die weise Alte, die kosmische Großmutter, die uns zurückhält, wo wir eine schnelle Erfahrung machen wollen, die uns prüft, nachfragt, manchmal mit ihrer Strenge auch irritiert. Zu Saturn gehört die Spinne.

Uranus
Umwälzung, Veränderung, plötzliche Ereignisse und Überraschungen, Revolutionen, Provokationen, die frische, nicht-korrumpierbare Kraft werden von Uranus symbolisiert. Dazu ist Uranus heute der Planet der neuen Technologien, Computer, Fernsehen, Fax, Internet,

Telefon, drahtlose Kommunikation also, auch Telepathie gehören zu Uranus. Jede Art der Wellenübertragung, alle unvorhergesehenen, unerwarteten Ereignisse sind Uranus zugeschrieben. Zu Uranus gehören die Adler.

Neptun

Neptun ist unser Patenplanet für Phantasiereisen, Traumzeiten und Traum-Ge-Zeiten, für den Rhythmus unserer spirituellen Kräfte und Entwicklung. Visionen, Imaginationen, Einbildungskraft, Phantasie, Kunst, Musik und die Fähigkeit, mit der Seele, dem Geist zu reisen – das alles wird von Neptun günstig beeinflußt. Neptuns Tier ist der Delphin.

Pluto

Pluto ist unser karmisches Archiv, die tiefen Erinnerungen, auch das Wissen um Zerstörung und Neubeginn, um den Rhythmus der universellen Entwicklung. Pluto verkörpert Macht und kollektive Prozesse. Sie ist die Hüterin unserer Geheimnisse. Jeder Schrecken, jede Angst, jede Sehnsucht führt irgendwann zu Pluto. Mit Pluto verhält es sich wie mit dem zwölften Haus: Verstehst du die plutonische Kraft, wirst du Meisterin aus dir selbst und eigenmächtig. Das Tier von Pluto ist die Geierin.

Aufsteigender Mondknoten/Drachenkopf

Die Drachin, die in unserem Horoskop oder auch in unserem Schamaninnenbaum liegt, hütet unsere spirituellen Energien. Der Drachenkopf, also der aufsteigende Mondknoten, zeigt, wo die größte spirituelle

Fähigkeit ist, welche Qualität, welches Element zu dieser spirituellen Kraft gehört. Schaut auf dem Schamaninnenbaum der Drachenkopf nach unten, der Wurzel zu, während der Drachenschwanz dem Wipfel nahe ist, geht es um Aufarbeitung tiefer Geheimnisse und um die Konfrontation mit der Unterwelt und den Geistern und Dämoninnen dieser unteren Ebenen. Schaut der Drachenkopf nach oben zum Wipfel, geht es um Verfeinerung der eigenen Kraft, auch um die Auseinandersetzung mit religiösen Autoritäten.

Absteigender Mondknoten/Drachenschwanz
Der Drachenschwanz, also der absteigende Mondknoten liegt im Horoskop immer genau gegenüber dem Drachenkopf. Da, wo der Drachenschwanz liegt, sind wir auf die unkontrollierte Reflexbewegung unserer Drachin hingewiesen. Wenn der Kopf zu stark in eine Richtung wächst und dort sehr beschäftigt ist, kann schon mal der Drachenschwanz unkontrolliert ausschlagen. Es ist ganz nützlich, über diese Gefahr der unwillkürlichen, heftigen Bewegungen Bescheid zu wissen und sie immer ein wenig zu beobachten.

Die Elemente im Horoskop

Sowohl die Tierkreiszeichen als auch die Planeten und Himmelslichter symbolisieren, abgesehen von Eigenschaften und Kräften, auch die vier Elemente. Wenn du etwas über die Verteilung der vier Elemente in deinem Lebensbaum erfahren willst, schau einfach, zu welchem Themenkreis deines Lebens sich welche Elemente gesellen. Sagen wir, du hast im dritten Haus Merkur in der Waage, dann heißt das, daß das Thema des dritten Hauses, Kommunikation, stark vom Element Luft beeinflußt ist. Im Tierkreis sind die Elemente in drei Phasen aufgeteilt:

1. die initiale Kraft des Elements, verkörpert durch die ersten vier Zeichen

Widder – das beginnende, starke, ungebändigte Feuer;

Stier – die ursprüngliche, ungebändigte Kraft der Erde;

Zwilling – die uranfängliche, ungebändigte Kraft der Luft;

Krebs – der Ursprung, die ungebändigte Kraft des Wassers.

2. die stabile Kraft des Elements, verkörpert durch die Zeichen

Löwe – das gemäßigte Feuer, das Herdfeuer, die wohltuende Wärme, das nährende Feuer;

Jungfrau – die gemäßigte Kraft der Erde, die Struktur, die Ordnung;
Waage – die gemäßigte Kraft der Luft, der Ausgleich, die Harmonie, der spielerische Tanz der Kräfte;
Skorpion – die gemäßigte, tiefe Kraft des Wassers, starke Anteilnahme und Leidenschaft, tiefe Einblicke in das Unbewußte.

3. die erhöhte, spirituelle Kraft des Elements, verkörpert durch die letzten vier Zeichen

Schütze – das verfeinerte, erleuchtete Feuer, die kreative Kraft, die Erfindungsgabe;
Steinbock – die verfeinerte, erleuchtete Kraft der Erde, Zuverlässigkeit, Verantwortungsbewußtsein, Transformation des Materiellen;
Wassermann/Engel – die verfeinerte, erleuchtete Kraft der Luft, umfassendes tiefes Wissen, Intuition, Überblick, die Macht der neuen Ideen;
Fische – die verfeinerte, erleuchtete Kraft des Wassers, Traumkraft, die Macht der Wünsche.

Je tiefer du dich in die Bedeutung der vier Elemente in deinem Leben, deinem Horoskop, deinem Lebensbaum einarbeitest, um so mehr Lichter werden dir über bestimmte, sich immer wiederholende Muster aufgehen.

Der schamanische Lebensbaum
Wurzel, Ebenen und Krone

Die Wurzel

Der Mitternachtspunkt (IC) im Horoskop und das vierte Haus zeigen, woher du kommst, in welcher Kraft du verwurzelt bist. Hier bekommst du Hinweise auf deine Kindheit, manchmal sogar besondere Ereignisse in deiner Kindheit. Ich will jetzt gar nicht behaupten, daß Seelen sich reinkarnieren und deine Energie im Speziellen sich immer neue Körper und Existenzformen sucht, aber wenn diese Idee dir nahe und vertraut ist, dann erfährst du im vierten Haus auch etwas darüber, woher du ursprünglich kommst, aus welcher Energie du dich in dieses Leben katapultiert hast, vielleicht sogar, mit welchen Lernprozessen du hier angekommen bist, die es zu bewältigen gilt.

Hier ist vielleicht der richtige Ort, um das Thema Reinkarnation und den Mißbrauch dieses spirituellen Konzepts kurz zu erörtern.

Viele Sekten gehen von der in meinen Augen zynischen These aus: Wer hier lebt, hat sich sein Leben selbst ausgesucht und ist auch selbst schuld, wenn sie/er es zu nichts bringt, verhungert, totgeschlagen oder sonstwie malträtiert wird. Wenn ich auch denke, daß es so etwas wie eine Absicht gibt, einen Körper zu suchen und etwas darin zu verwirklichen, so bin ich doch sicher, daß das keinem Menschen das Recht gibt, andere auszubeuten, zu mißbrauchen, zu foltern, zu töten oder verhungern zu lassen.

Tja, tut mir leid für euch Afrikanerkinder, da habt ihr euch das falsche Leben ausgesucht. Wer weiß, was ihr im letzten Leben verbrochen habt, daß ihr jetzt so büßen müßt. Versucht's einfach im nächsten Leben besser hinzukriegen, macht eure Lernprozesse... so auf diese Tour. Oder schlimmer noch: Wir sind halt die Elite, die Auserwählten, was mit euch anderen Würmern passiert, kann uns nicht interessieren. (Nicht selten ein Grund für Frauen, Gurus hinterherzurennen. Wer möchte schon beim Weltuntergang allein als Depp dastehen?)

Wir alle sind am Gelingen des Lebens Aller beteiligt. Oder am Scheitern. Wer in diese Welt eintaucht, ist in dieser Welt verantwortlich, für alle Taten und Worte, für alle Unterlassungen. Und Verantwortung heißt für mich nicht unbedingt, die eigenen Antworten schon gefunden zu haben, aber wenigstens, die notwendigen Fragen zu stellen.

Die Diskussionen darüber, wer wem vor zweitausend Jahren was angetan hat, sind doch langweilig, wenn du bedenkst, wie aktuell diese Konflikte heute sind. Beweise für alles findest du immer nur jetzt, in diesem Leben. Und nur von diesem Leben kannst du ausgehen, wenn du etwas erfahren oder erforschen willst. Das schließt ja nicht aus, daß du Reisen in andere Seinszustände, in andere Zeiten oder vielleicht auch in andere Körper machst, um etwas über dein ganzes Universum zu erfahren. In diesem Sinn ist die Wurzel des schamanischen Lebensbaums der Ort, an den du dich zurückziehst und darüber nachdenkst oder forschst, wo du verwurzelt und verankert bist, was dir Halt gibt, welche Qualität diese Wurzel und das Umfeld, in dem die Wurzeln sich ausbreiten, haben.

Die Ebenen

Die erste Ebene

Das dritte Haus, das ja Kommunikation beschreibt, und das fünfte Haus mit dem Kindlichen und Spielerischen bilden zusammen die Ebene des Mitteilens, Spielens, spielerischen Erprobens. Gesang, Tanz, Sprache, Erzählung, Chronik, Wiedergabe von Wissen – all das findet auf der ersten Ebene statt. Das sinnliche, spielerische, verbale und klangliche Entdecken der eigenen Welt und die Kontaktaufnahme zu anderen, auch im gemeinsamen Feiern.

In der ersten Ebene sind Musikinstrumente, Rasseln, Trommeln, Duftöle, Räucherwerk, Kerzen und vor allem die Stimme vertreten, das Rufen, Bannen, Besprechen, die Macht der Worte und der Wiederholung, aber auch Hingabe, Genuß und die Macht der Rituale.

Die zweite Ebene

Mit dem Thema des zweiten Hauses – Materie, Wohnung, häusliche Umgebung, Natur, Geld und der Umgang mit Materie – und dem Thema des sechsten Hauses – Körper und Umgang/Arbeit damit – kommen wir hier in den Bereich der greifbaren Wirklichkeit, des körperlichen Erlebens und Umsetzens von Erfahrungen.

Die zweite Ebene weiht uns in die Geheimnisse der Natur und unseres Körpers ein und gibt uns Hand und Fuß, Haut und Haar, Stein und Bein, Blut und Spucke, Werkzeug, Amulette, Ritualgegenstände, ein Haus, einen Tempel, einen Schrein, einen Hausaltar, was immer du brauchst. Auch Nahrung, Kleidung und ein Bett sind hier angelegt. Und die Muster und Strukturen, mit der eine ihr Leben webt und aufbaut. Und natürlich steht auf der zweiten Ebene der Ahninnentopf (siehe „Steinreich").

Die dritte Ebene

Hier geht es um deine Persönlichkeit, die Energien, die dir mitgegeben sind und die du im Lauf des Lebens kultivierst. Eventuelle Planeten, die du direkt am Aszendenten hast, leben auf der dritten Ebene als persönliche BeraterInnen. Ich gehe davon aus, daß Planeten, Himmelslichter oder Mondknoten unmittelbar vor dem Aszendenten deine Schutzengel/Feen sind, und unmittelbar nach dem Aszendenten haben sie die Funktion einer Hebamme. Sie holen dich ins Leben, ihre Ausstrahlung ist außer der der Mutter die erste, die du in der Welt zu spüren bekommst.

Es geht um Individualität und Kollektiv oder Gemeinschaft, um deine Fähigkeit, Freundschaften zu leben, oder deine Lust/Unlust, ein Leben mit anderen zu teilen. Deine Art des Umgangs mit anderen ist hier ebenso beschrieben wie dein Verhältnis zu dir selbst. Und wenn oft in Religionen und esoterischen Lehren von der Notwendigkeit, das Ego zu töten, die Rede ist, so muß doch klar sein, daß deine Wahrnehmung von deiner Körperchemie abhängt, daß deine Fähigkeit, auf andere zuzugehen, auch mit deiner Fähigkeit, mit dir selbst glücklich zu sein, zusammenhängt. Wenn du dich selbst haßt, kannst du andere auch nicht lieben. Alles fängt bei dir an – die anderen spiegeln dich, und du spiegelst sie. Das alles beschreibt die dritte Ebene.

Die vierte Ebene, die Initiationsplattform

Bei den SchamanInnenbäumen der Völker Sibiriens, der Mongolei oder des Himalaya ist der wichtigste Punkt die Initiationsplattform. Hier verbringst du die Zeit deiner Visionssuche. Hier gehst du in die Nacht deiner Geheimnisse, hier stellst du dich deinen Ängsten und Zweifeln und läßt sie zu. Hier konfrontierst du dich mit deiner Gewalt. Hier gehst du über alle Grenzen und kommst zurück.

Die Entdeckung, daß beim Hochklappen der Häuser rechts und links von der Wurzel das zwölfte Haus und das achte in einer Ebene sind, hat mich überhaupt erst darauf gebracht, daß das Horoskop auch ein schamanischer Lebensbaum ist. Denn auf dem Weg zu der, die du werden willst, oder zu der Alten, die du einmal sein wirst, passierst du immer wieder diese Ebene der Initiation in deine Kraft, diese Schwelle zu immer genaueren und schärferen Bildern deines Lebens und deiner Persönlichkeit. Mit jeder neuen Erfahrung, mit jeder bewußt durchlebten Angst wächst deine Sicherheit, dich selbst mit all den Schwächen und Unsicherheiten, mit all der Macht und der Gewalt, wie immer du sie lebst, auszuhalten.

Du kannst dir in einer Phantasiereise deine Initiationsplattform gestalten. Hier jedenfalls ist der Ort, an den dir kein Meister, kein Guru, kein Vorbild folgen kann, denn nur du allein trittst über die Schwelle deiner ureigenen und vertrauten Nacht.

Die fünfte Ebene

Auf der fünften Ebene erfährst du etwas über Phantasiereisen und Trancen und lernst deine Schutzgeister, deine Helferwesen, deine begleitenden Tiere, deine Beraterinnen kennen, denn die fünfte Ebene wird vom Thema des elften Hauses (FreundInnen, HelferInnen und unterstützende Wesen und Ereignisse) sowie vom Thema des neunten Hauses (Reisen mit Geist und Körper, Philosophie, Kreativität) gebildet.

Wenn die vierte Ebene die Pflicht ist, dann ist die fünfte die Kür, die Quintessenz, die sich herausfiltert. In der fünften Ebene findest du Hilfe, Ideen, Geistesblitze und Impulse oder jedenfalls Hinweise, wo du sie finden kannst.

Die Krone

Was in der Wurzel zu wachsen beginnt oder angelegt ist, erfüllt sich in der Krone des Baums. Hier findest du den Entwurf deines Lebensziels oder der Kraft, der du zuwächst. Hier kannst du Hinweise finden, wie du deine Pläne und Wünsche materialisierst und wohin du im Leben willst. Ehrgeiz, Karriere, eine Lebensaufgabe, ein starkes Engagement spiegeln sich in der Krone deines Lebensbaums. Und hier kannst du auch ablesen, daß das Gelingen deines Lebens nicht von Erfolg oder Mißerfolg abhängt, sondern davon, daß du mit deinen Wünschen und deiner Art zu leben und deiner besonderen Art, etwas zu tun, im reinen bist. Ich könnte auch sagen, in der Krone deines schamanischen Lebensbaums kannst du Impulse finden, wie du mit dir selbst und deinen Sehnsüchten, Plänen und deinem Lebensziel ins reine kommst.

Vielleicht denkst du, jetzt ist alles gelaufen, jetzt hast du alles gelernt und begriffen, hier bleibst du. Aber wir beide kennen das Leben und wissen, daß wir immer wieder von vorn anfangen, wir steigen hinunter und konfrontieren uns mit den alten Geschichten, den alten Mustern, steigen wieder hinauf, diesmal mit etwas mehr Erfahrungen, mit etwas mehr Wissen im Gepäck.

Wir halten uns mal auf dieser, mal auf jener Ebene länger auf, darin liegt keine Wertung. Die Beschäftigung mit Grenzzuständen ist nicht „besser" oder höher einzuschätzen als der Umgang mit Materie. Wenn du anfängst zu werten, beraubst du dich des Vergnügens, alle Themen in ihrer ganzen Vielfalt zu entdecken und für dich zu klären.

Um eine Ebene zu erfassen, ist es gut, wenn du die Bedeutung der einzelnen Häuser noch einmal liest, dann die beteiligten Sternzeichen (also in welchen oder welchem Zeichen ein Haus etwa liegt) und die eventuell darin liegenden Geburtsplaneten. Außerdem haben die Planeten seit deiner Geburt ja ihren Stand verändert, und du kannst die aktuelle Position aller Planeten, Himmelslichter und Mondknoten ermitteln und sie auch noch in deinen schamanischen Lebensbaum eintragen.

Hier ist noch eine Aufstellung der Häuser, Planeten und Sternzeichen, die einander verwandt sind. In der

Schulastrologie heißt das z.B., der „Herrscher“ vom ersten Haus und von Widder ist Mars. Da ich persönlich mit Herrschern nichts zu tun haben will, sage ich: Das erste Haus, das Sternzeichen Widder und Mars sind einander in der Energie ähnlich, sie sind verwandt, sie gehören zusammen, sie haben eine ähnlich energetische Qualität. Also:

Widder und 1. Haus und Mars	Feuer
Stier und 2. Haus und Venus	Erde
Zwillinge und 3. Haus und Merkur	Luft
Krebs und 4. Haus und Mond	Wasser
Löwe und 5. Haus und Sonne	Feuer
Jungfrau und 6. Haus und Venus (manche behaupten Merkur)	Erde
Waage und 7. Haus und Merkur	Luft
Skorpion und 8. Haus und Pluto	feuriges Wasser
Schütze und 9. Haus und Jupiter	Feuer
Steinbock und 10. Haus und Saturn	Erde
Wassermann/Engel und 11. Haus und Uranus	Luft
Fische und 12. Haus und Neptun	Wasser

Außerdem verdoppeln sich Energien ungemein, wenn Sonne und Aszendent im selben Sternzeichen sind – oder Sonne und Mond oder Aszendent und Mond.

Beim Erforschen deines Horoskops, ich könnte auch sagen: bei den Patinnengeschenken deiner dreizehn Feen, bei der Kraft deines Lebensbaums und ihrer Entdeckung hilft es dir mehr, wenn du spielerisch und philosophisch vorgehst, als wenn du versuchst, eine Eigenschaft oder Energie rechnerisch nachzuweisen. Das Horoskop und damit auch der schamanische Lebensbaum zeigen dir Möglichkeiten, keine Beweise.

Die Tierkreiszeichen in den Ebenen des schamanischen Lebensbaums

Im Folgenden will ich die Wirkung der Tierkreiszeichen in den Ebenen beschreiben. Da in die erste Ebene alle Zeichen einwirken, die das dritte und fünfte Haus bilden, ergeben die Beschreibungen all der in der ersten Ebene beteiligten Zeichen ein vollständiges Bild der Wirkung. Dasselbe gilt für alle Zeichen, die am zweiten und sechsten Haus beteiligt sind und die folglich die zweite Ebene bilden. Für die dritte Ebene sind alle Tierkreiszeichen zuständig, die im ersten und im siebten Haus enthalten sind, die vierte Ebene wird von allen Zeichen beeinflußt, die das zwölfte und das achte Haus bilden, und die fünfte Ebene von all den Zeichen, die das elfte und das neunte Haus bilden.

Jede Ebene hat also zwei oder mehr Tierkreiszeichen, die das Thema der Ebene illustrieren – ich könnte auch sagen, beeinflussen. Wenn ein Zeichen nur mit wenigen Graden am entsprechenden Haus beteiligt ist, wird die Wirkung schwächer sein, als wenn z.B. das ganze Zeichen in einem Haus steht.

Die Wirkung der Tierkreiszeichen in den Häusern beschreibe ich nicht eigens, aber alle, die daran interessiert sind, können jeweils die Deutung der Häuser und der Zeichen kombinieren und selbst eine kreative Interpretation komponieren. Ich beschreibe die Tierkreiszeichen und die Planeten in den verschiedenen

Ebenen in ihrer spirituellen Wirkung und ihrer magischen Bedeutung.

Gute oder schlechte Wirkungen gibt es für mich nicht. Es gilt, die besondere Art der Energie zu erfassen und sie für die eigenen Belange zu nutzen. Das Sternzeichen Widder zum Beispiel symbolisiert die spontane, ungebändigte Kraft des Feuers. Zu sagen, „Widder sind aggressiv", hieße, die Energie des Zeichens auf einen einzigen Aspekt zu reduzieren, obwohl eine widdergeborene Person vielleicht auch mal aggressiv sein kann (aber auf wen trifft das schließlich nicht zu!). Auch die schulterzuckende Bemerkung einer widdergeborenen Person, „ich bin halt jähzornig, schließlich bin ich Widder", geht am Punkt voll vorbei, denn die Frage ist doch: Was alles kann ich mit einer Energie anfangen, die feurig, spontan, ungebändigt, wild, leidenschaftlich, kräftig, aber nicht langanhaltend ist. Wie kann ich mit dieser Kraft spielen, wie kann ich sie für meine Ideen einsetzen?

Die Wurzel

Woher komme ich? Welche Kräfte haben mein Wachstum genährt und beeinflußt? In welchem Nährboden sind meine Wurzeln? Aus welchen Zusammenhängen wachse ich?

Wenn du die Wirkungen der Tierkreiszeichen in der Wurzel in allen Aspekten erforschen willst, solltest du zuerst mit der Frage anfangen: In welchem Element bin ich (am stärksten) verwurzelt. Sind mehrere Zeichen beteiligt, dann ist die tiefste Wurzel das Zeichen, das am meisten Raum einnimmt (im Horoskop sind das der Mitternachtspunkt und das vierte Haus).

Die Wurzel im Widder
Frühe Erfahrung mit hoher, schneller Energie, spontane, auch wilde Kraft, die schnell austreibt, aber Geduld, Pflege und Zuwendung braucht, um sich zu entfalten. Wagemutige Entschlüsse, Lust auf Veränderung.

Die Wurzel im Stier
Bedächtige, sinnliche Energie, die schon früh Grenzen setzt oder Erfahrungen mit Grenzen beinhaltet. Das Körperlich-Sinnliche steht im Mittelpunkt der frühen Erfahrung, die Kraft strömt zuverlässig und langsam. Die Suche nach Sicherheit und Geborgenheit ist ein Grundgefühl. Das Eigene spielt trotz Großzügigkeit eine Rolle.

Die Wurzel im Zwilling
Vielfältige, auch zwiespältige Erfahrungen früh im Leben. Die Lust, sich zu verlieren, zu vergessen, zu zerstreuen, bringt viele Blüten hervor. Die Suche ist ein wichtiges Thema. Aus vielen Quellen kommt die geistige Nahrung, die ein Heimatgefühl erzeugt.

Die Wurzel im Krebs
Starker Wille gepaart mit ausgeprägtem Gefühl für Schutz. Wünsche und Pläne werden im Geheimen ausgebrütet und erst im vollkommenen Zustand nach außen gebracht. Loyale, starke Freundschaften, die ein Leben lang halten, sind nicht selten bei Wurzel-im-Krebs-Geborenen.

Die Wurzel im Löwen
Heitere, warme, familiäre Energie, Selbstsicherheit und Kühnheit im Entwerfen des Lebensplans. Gelassenheit und Selbstbewußtsein entfalten sich früh. Die Kraft strahlt nach außen ab und kümmert sich kaum um Hindernisse.

Die Wurzel in der Jungfrau
Das Bewußtsein von Struktur, Raum und Ordnung gibt den Lebensimpuls. In welchem Geflecht befinde ich mich, in welche Bezüge wachse ich hinein, sind wichtige Fragen bei der Entfaltung der eigenen Lebenskraft.

Die Wurzel in der Waage
Das Bedürfnis nach Geborgenheit, Harmonie und Schönheit ist sehr ausgeprägt. Der Wachstumsprozeß beinhaltet das ständige Glätten von Konflikten und die Sehnsucht nach reibungsloser Atmosphäre. In dieser Konstellation kann auch die Notwendigkeit liegen, einen extremen Zustand auszugleichen.

Die Wurzel im Skorpion
Frühe Konfrontation mit Leidenschaft, Gewalt, Wahrhaftigkeit. Illusionsloser, klarer, aber auch mitfühlender Blick auf alle Lebewesen und tiefes Wissen der Zusammenhänge des Lebens. Die Energie geht in die Tiefe, zu den Geheimnissen der Herkunft und der seelischen Kraft. Spirituelle Geheimnisse und magische Kraft entwickeln sich. Bewußtsein von Macht und Machtspielen.

Die Wurzel im Schützen
Schöpferische, heitere Energie, vielfältige Anregungen

und Impulse schon in der frühen Kindheit, Abenteuer, die sich oft auf den Geist und die Phantasie beschränken und nicht nach außen gebracht werden. Die eigenen Qualitäten und Fähigkeiten werden gern anderen angeboten. Fähigkeit zum Teilen und Helfen.

Die Wurzel im Steinbock
Zielbewußte, ausdauernde Energie. Das Leben spielt sich in sozialen Gefügen und in Gesellschaft ab. Nahrung zum Wachstum wird im kargsten Umfeld herausgefiltert. Die Fähigkeit, mit wenig Anregungen und Hilfen kräftig zu wachsen.

Die Wurzel im Wassermann/Engel
Geistige Anregungen, Wissensdurst, Lust auf Neues stehen im Mittelpunkt des Wachstumsprozesses. Wunsch nach Gesprächen und geistiger Auseinandersetzung, nach dem Verstehen der Zusammenhänge und nach klaren Informationen. Große Traum- und Visionskraft.

Die Wurzel in den Fischen
Wechselbäder der Gefühle. Lust am Geschichtenerzählen und Bilderentwerfen. Orientierung an interessanten Personen und Ereignissen. Künstlerische Begabung, Lust an der Selbstdarstellung. Große Sensibilität.

Die erste Ebene

Wie kommuniziere ich mit der Außenwelt? Welche Signale sende ich? Wie bin ich in der Lage, Signale, Informationen und Botschaften von außen zu verstehen und zu entschlüsseln? Welche Kommunikationsmöglichkeiten wähle ich? Wie feiere ich? Wie habe ich mir Kindlichkeit und Gelöstheit bewahrt? Wie genießerisch bin ich?

Widder in der ersten Ebene
Widderenergie nimmt schnell, laut, spontan, gelegentlich auch wild Kontakt zur Außenwelt auf. Flöten oder Pfeifen entsprechen dem rituellen Instrument. Feste werden überschwenglich abgemacht (aber nicht so zuverlässig durchorganisiert). Das wilde Kind feiert mit großer Freude und Lärm.

Stier in der ersten Ebene
Der Kommunikationserfolg von Stier besteht in der Hartnäckigkeit und dem ganzen Körpereinsatz. Nahrungsopfer entsprechen dem rituellen Kommunikationsmittel, Genuß, sinnliche, opulente Feste stehen für die Stierenergie. Und dazu gehört auch die Ästhetik und die Schönheit des Arrangements.

Zwilling in der ersten Ebene
Rufen und Pfeifen, eine gewisse Atemlosigkeit und Unentschlossenheit kennzeichnen die Zwillingskommunikation. In der Vielfalt liegt die Qualität: viele Kontakte, viele Impulse. Viele Kräfte werden rituell gerufen. Charmante, geistreiche Unterhaltungen mit interessanten Gästen.

Krebs in der ersten Ebene
Gesang und Musik sind das Kommunikationsmittel des Krebses. Große Entschlossenheit und Sorgfalt im Ent-

werfen von Treffen auf der materiellen und auf der spirituellen Ebene. Starkes Bedürfnis nach Schutz der eigenen Werte und Vorsicht im Umgang mit anderen Menschen und Wesen.

Löwe in der ersten Ebene

Die ganze Persönlichkeit, Redegewandtheit und Ausstrahlung wird in der Kommunikation eingesetzt. Herzlichkeit und Großzügigkeit, kindliche Freude, Naivität und Vertrauen prägen die Feste. Das festliche Feuer muß nicht unbedingt von irdischer Prägung sein. Lachen und Strahlen bringen Feste und Rituale zum Funkeln.

Jungfrau in der ersten Ebene

Struktur und geometrische Formen, klare Kommunikationsregeln. Spirituelle und irdische Ordnung sind genauso wichtig wie Genuß. Zuverlässigkeit und große Bereitschaft, auch die fremdesten Signale zu entschlüsseln, auch die seltsamsten Festgäste willkommen zu heißen.

Waage in der ersten Ebene

Das Kommunikationsmittel ist der Rauch, Räucherwerk, auch halluzinogener Rauch. Friedenstiftende, ausgleichende, glättende Energie in der spirituellen Arbeit und im Umgang mit anderen. Friedliche, harmonische Feste, großes Gerechtigkeitsempfinden.

Skorpion in der ersten Ebene

Kommunikationsmittel sind die Trommel und die Worte der Macht. Alles wird auf den Punkt gebracht, ausgeforscht, ans Licht geholt. Leidenschaftliche Auseinandersetzungen und große sinnliche Kraft entfalten sich in Festen und Ritualen. Skorpion in der ersten Ebene erreicht ungeahnte Tiefen.

Schütze in der ersten Ebene
Stimme und Hände sind in der Kommunikation wichtig. Phantasievolle Gestaltung von Ritualen. Feste sind auch ein Genuß für die Augen. Gespräche mit nichtmateriellen Wesen und Kommunikation mit AhnInnen.

Steinbock in der ersten Ebene
Der Stab als Verbindung zwischen Himmel, Erde und Unterwelt und der Kristall sind Kommunikationsmittel. Die geschriebene Sprache ist wichtig. Wenige Zutaten statten ein vollkommenes Fest aus. Jede Kleinigkeit stimmt.

Wassermann/Engel in der ersten Ebene
Die Rassel ist das Kommunikationsmittel. Auch Computer und Wellenübertragungen sind wichtig. Vorträge, Erläuterungen, mythische Erzählungen. Der ideologische Hintergrund von alten Festen und Ritualen wird erforscht.

Fische in der ersten Ebene
Sprechen, sich darstellen, andere überzeugen sind Kommunikationsformen. Getränke, auch Alkohol, bringen alles ins Fließen. Überschäumende Feste, Freudentränen.

Wie ist mein Verhältnis zu materiellen Dingen, zur Natur? Wie gehe ich mit meinem Körper um? Wie gestalte ich meinen Raum? Wie heile ich mich?

Widder in der zweiten Ebene
Das Gewonnene wird auch schnell wieder aufs Spiel gesetzt. Es muß gelingen, das muß ich haben, das muß ich schaffen – das sind oft die Affirmationen zu materiellen Zielen, aber auch dem Körper gegenüber. Heilungsprozesse werden durchgezogen nach dem Motto: Frisch gewagt ist halb gewonnen. Das spirituelle Symbol ist der Schlüssel.

Stier in der zweiten Ebene
Das Gewonnene wird abgesichert und bewahrt. Sorgfalt mit dem eigenen Körper schließt auch eine gewisse Betulichkeit ein. Krankheiten werden zelebriert und in genüßlichen Ritualen kuriert. In spirituellen und magischen Zusammenhängen ist die Nahrung wichtig.

Zwilling in der zweiten Ebene
Spielerischer Zugang zu Besitz und schönen Dingen und auch zum eigenen Körper. Höchstleistungen zum Spaß. Heilung findet durch Anregung und Impulse von außen statt. Spirituelles Symbol ist die Doppelaxt.

Krebs in der zweiten Ebene
Die selbstgeschaffene Sicherheit, das eigene Haus, das eigene Zelt – Schutz und Rückzugsmöglichkeit sind das Thema im Zusammenhang mit Materie. Körperlich legt

sich Krebs ein dickes Fell zu und läßt Absichten nicht unbedingt sofort durchblicken. Das magisch-spirituelle Symbol ist der Schutzschild.

Löwe in der zweiten Ebene
Schönheit und Großartigkeit gehen vor Stabilität, mit magischer Energie werden Löcher geflickt und Schwächen überspielt. Großzügiger Umgang mit Materie führt oft zu ihrem Verlust, aber ebenso schnell wieder zu neuen Möglichkeiten. Verschwenderischer Umgang mit den eigenen Kräften und Heilung durch innere Überzeugung. Der Zauberring ist das magische Symbol.

Jungfrau in der zweiten Ebene
Sichere Strukturen, tragfähige Netze, viele funktionierende Stützpunkte werden errichtet. Wissen um die Entstehung und Anziehung von materiellen Gütern. Körperlich starke Präsenz. Heilung durch ausgeklügelte Methoden und Kuren. Das spirituelle, magische Symbol ist der Tempel oder Schrein.

Waage in der zweiten Ebene
Sicherheit durch viele offengehaltene Möglichkeiten. Ruhe und Schönheit sind wichtiger als Reichtum. Sorgfältiger Umgang mit dem eigenen Körper. Heilung läuft nach dem Prinzip: Wenn's nicht nützt, so schadet's doch nicht. Magisches Symbol ist die Feder.

Skorpion in der zweiten Ebene
Das Bewußtsein wird an sichtbaren Zeichen geschärft, Dinge, die Kraft geben, sind wichtige Begleiter. Der kultische Gehalt von Materie ist wichtiger als der Wert.

Schonungslose Herausforderung des Körpers und seiner Kräfte. Heilung durch Krisen. Magisch-spirituelles Mittel ist das Amulett.

Schütze in der zweiten Ebene
Inspirierte, phantasiebegabte Lust an materiellen Dingen. Der eigene Raum wird mit großer Sorgfalt gestaltet, die Beziehung zum eigenen Körper ist liebevoll und äußerst aufmerksam. Jede Störung wird bemerkt und wachsam beobachtet. Körperliche Betätigung ist nur in der Natur oder in einer natürlichen Tätigkeit lustvoll. Sport wird eher als störend empfunden. Magisch-spirituelles Mittel ist in weitester Form der Hausaltar.

Steinbock in der zweiten Ebene
Schönheit der Formen, Raumgestaltung, Gestaltung der Leere, Farbgebung sind sehr wichtig. Genauer Umgang mit den körperlichen Kräften. Geduld und Entfaltung großer Kraft mit wenigen Mitteln. Heilmethoden müssen eine gewisse Tradition haben – keine Experimente. Das magisch-spirituelle Mittel ist der Stein.

Wassermann/Engel in der zweiten Ebene
Ehe der Raum eingenommen, Besitz erworben, Materie beschafft wird, kommt das Konzept. Von nichts zuviel. Nicht unnötig Ballast heranschaffen. Der Umgang mit dem eigenen Körper wird durch Informationen und Erkenntnisse abgesichert. Geistige Arbeit und luftige Leichtigkeit erschweren oft die Bodenhaftung und die körperliche Präsenz. Magisch-spirituelles Mittel ist die Räucherschale.

Fische in der zweiten Ebene
Der Umgang mit materiellen Dingen ist verspielt, phantasiebegabt und ästhetisch ausgefeilt. Aus chaotischen Impulsen wächst das Bedürfnis nach Sicherheit. Räumliche Ordnung stützt das innere Chaos. So ist auch der Umgang mit dem eigenen Körper eher den aktuellen Möglichkeiten unterworfen. Sorgfalt wechselt sich ab mit vollkommener Orientierungslosigkeit. Magisch-spirituelles Mittel ist der Kessel.

Die dritte Ebene

Wer bin ich? Wer bist du? Wie nehme ich mich wahr? Wie nimmst du mich wahr? Wie nehme ich dich wahr? Wie gehen wir Verbindung zueinander ein?

Widder in der dritten Ebene
Die Kriegerin erfaßt die Fehler der anderen zuerst und arbeitet an den eigenen später. Selbstbewußt im eigenen Körper, kritisch und herzlich zu anderen. Spontane Lust, sich zu verbinden.

Stier in der dritten Ebene
Die Gebieterin zieht Grenzen und füllt ihren Raum aus. Andere werden in den eigenen Raum einbezogen oder daraus verbannt. Grenzen charakterisieren die Verbindungen.

Zwillinge in der dritten Ebene
Wie ein Schmetterling fliegt sie hierhin, dorthin, legt sich nicht fest, läßt sich nicht halten, räumt anderen

dieselben Möglichkeiten ein. Leichtigkeit liegt über allen Verbindungen.

Krebs in der dritten Ebene
Sich selbst treu und loyal anderen gegenüber sucht die Träumerin tragbare Verbindungen, Geborgenheit bei anderen Menschen und Schutz vor Gefahren, und so schützt sie auch die ihr angehörigen Menschen.

Löwe in der dritten Ebene
Die eigenmächtige Frau ruht in ihrer Mitte. Von Herzlichkeit und Großzügigkeit sind ihre Verbindungen zu anderen geprägt. Doch mit raubtierhafter Grausamkeit bricht sie auch Verbindungen ab. Wie sieht sie andere? Sieht sie andere?

Jungfrau in der dritten Ebene
Die Hüterin des Wissens will sich mitteilen und lehren. Freigebig teilt sie ihre Schätze, legt sie die Archive menschlicher Kultur an, baut sie Menschen in ihre Geflechte ein.

Waage in der dritten Ebene
Die Friedensstifterin sucht Heiterkeit und ausgleichende Gerechtigkeit. Sie geht Konflikten aus dem Weg und bereitet anderen gern Freude, um sich an der Harmonie zu weiden.

Skorpion in der dritten Ebene
Die Magierin der Gefühle bringt sich und andere an ihre Grenzen, führt in die Tiefe der Leidenschaft und Eifersucht und öffnet Wunden, um sie zu heilen.

Schütze in der dritten Ebene
Phantasiebegabt gestaltet die Kentaurin ihre Verbindungen zu anderen Menschen, geht darin auf, gibt sich darin auf. Sie ruft die Wunder, schenkt sich und fordert das Gleiche von anderen ein.

Steinbock in der dritten Ebene
Die Zeremonienmeisterin menschlicher Verbindungen lebt in der Liebe zu der von ihr gewählten Familie auf. Meisterhaft arrangiert sie Zusammenkünfte und Feiern, und doch kann sie sich auf das Nötigste beschränken und Durststrecken ertragen. Treue Freundin bleibt sie.

Wassermann/Engel in der dritten Ebene
Geistige Auseinandersetzung ist wichtig in ihren Verbindungen zu Menschen. Ihre Visionen werden zur intellektuellen Nahrung anderer. In philosophischen Modellen lebt sie auf. Ihr Wissen muß sie weitergeben. Die Lehrende erwartet zumindest Interesse.

Fische in der dritten Ebene
Visionäre Zeitreisende, fließend im Strom ihrer Sprache schaut sie zu Menschen auf, die sie weiterbringen, verliert sich oft in der eigenen Bilderwelt und in Abhängigkeiten, traumverloren, in vielen Welten zu Hause.

Die vierte Ebene

Wie stelle ich mich meinem Schatten? Was macht mir Angst? Wie gehe ich über Grenzen? Wie löse ich das Rätsel meines Lebens?

Widder in der vierten Ebene
Kühn springt sie über die Grenze, und schnell kehrt sie zurück. Nicht zu weit, nicht zu tief. Gegen die Feinde der Seele lärmt sie an. Wie kämpfst du gegen Feinde, die du selbst einläßt? Die Herausforderung deiner persönlichen Schwelle: Warten.

Stier in der vierten Ebene
Grenzwanderungen brauchen eine solide Basis. Raum und Zeit müssen stimmen. Die Koordinaten auch. Sichere dich ab, und geh Schritt für Schritt. Manche Geheimnisse wirst du nicht lösen. Auf deiner Schwelle fordert dich das Loslassen heraus.

Zwilling in der vierten Ebene
Sehen, hören, fühlen, verstehen reicht nicht, um die Tiefe der eigenen Erfahrungen auszuloten. Am Tor zur Unterwelt sind gute Geschichten nur bedingt nützlich. Rätsel lösend findest du zu deiner eigenen Wahrheit. Auf deiner Schwelle fordert dich Hingabe heraus.

Krebs in der vierten Ebene
Spirituelle Heimat und Sicherheit sind Voraussetzung für Ausflüge in die eigene Nacht. Gut geschützt bist du nicht gefährdet und dringst auch nicht zu tief in Bereiche ein, die du nicht verkraftest. Übermut ist deine spirituelle Schwelle.

Löwe in der vierten Ebene
Das strahlende Leuchten der Sonne wird von der Nacht geschluckt. Schwäche und Ängste, die du nicht zulassen willst, tauchen jetzt auf. Wenn du merkst, daß nicht

alles sich deinem sonnigen Willen unterwirft, kann dich die Kraft verlassen. Deine Herausforderung ist die Demut.

Jungfrau in der vierten Ebene

Was sich deiner Kontrolle entzieht, verunsichert dich zutiefst. Nicht alles läßt sich planen und vorausbestimmen. Emotionale, kreative Ausbrüche bringen deine Strukturen aus dem Gleichgewicht. Deine Herausforderung ist das Chaos.

Waage in der vierten Ebene

Über die Grenzen gehst du in Wut und Schreien und Toben, in die unterdrückte Gewalt, in deine verdrängten Gefühle. Mittel zur Dämpfung bieten sich an, aber deine Herausforderung ist der wilde Gefühlsausbruch.

Skorpion in der vierten Ebene

Deine Energie geht iin dunkle Bereiche, die anderen Angst machen, aber für dich interessante Erkenntnisse bergen. An Grenzen bist du zu Hause, beharrlich der Radikalität deiner Gefühle folgend. Herausforderung an der Schwelle zu deinen Schatten: Vergeben.

Schütze in der vierten Ebene

Die dunklen Bilder deiner Seele wandelst du in bunte Kreationen, Bilder, Musik, ein Festessen, handwerkliche Kunstwerke. Langmütig erträgst du Grenzüberschreitungen und Tabus, kennst deine Belastbarkeit und steigst aus, ehe du zerstört wirst. Weichst aus, bevor dich etwas wirklich treffen kann. Deine Herausforderung ist die Eigenmacht.

Steinbock in der vierten Ebene
Die Welt der vielen Versuchungen, der bunten Bilder, der tausend Möglichkeiten wirft ihre Netze aus und findet dich im Kargen, zaghaft. Viele Wünsche, viele Träume, viele Versuche, die scheiterten, haben dir Wunden geschlagen. Deine Herausforderung: Wage es!

Wassermann/Engel in der vierten Ebene
Du hast für alles eine Erklärung, schwebst in der Ebene deiner Visionen und Ideale und weichst deinem Körper gern aus. Zu leicht, zu luftig, zu inspiriert fliegst du dahin. Doch hier, an der Schwelle zum Schattenreich, hast du Blei an den Füßen, wird der Körper schmerzhaft präsent. Die Herausforderung deiner Schwelle ist das Närrische.

Fische in der vierten Ebene
Die Welt der Schrecken ist dir so vertraut wie die Welt der Lüste und der Phantasie. Mühelos läßt du dich sinken, mühelos steigst du auf, vorbei an den Schreckgespenstern deiner Kindheit, verhandelst mit deinen Dämonen, überschwemmst sie mit närrischen Spielen. Doch auch in deiner Unterwelt gibt es Ecken, denen du dich nicht mehr nähern magst. Deine Herausforderung ist die Stille.

Die fünfte Ebene

Wer sind meine Verbündeten und Helferwesen? Welches sind meine Reisemittel? Wie entwickle ich meine Visionen und Theorien?

Widder in der fünften Ebene
Schnell und unerwartet kommt Hilfe von unwahrscheinlicher Seite. Alte kosmische Energien springen für dich ein. Du vertrittst deine Ideen mutig, kräftig, heftig. Telepathie ist dein Reisemittel.

Stier in der fünften Ebene
Deine Helferwesen kommen aus der Erde, aus den Bäumen, den Pflanzen. Nahrung wird dir immer den Boden unter den Füßen zurückgeben. Dein spirituelles Reisemittel ist das Gehen.

Zwilling in der fünften Ebene
Viele Freunde, viele GönnerInnen behüten dich und helfen dir aus vielen Patschen. Weil du nach allen Seiten offen bist, siehst du immer Möglichkeiten und Wege. Dein Reisemittel sind Töne, der Trancegesang.

Krebs in der fünften Ebene
Mächtige BeschützerInnen in dieser und den anderen Welten sorgen für dein leibliches und spirituelles Wohl. Du entwickelst Visionen im Verborgenen und bringst sie erst nach außen, wenn sie nicht mehr zerstört werden können. Dein Reisemittel ist die Wassermeditation.

Löwe in der fünften Ebene
Schutz und Hilfe kommen aus dir oder von den Wesen, die du gerufen hast. Du sorgst gut für dich und kennst die Mächte, die dich beraten, schützen und dir helfen können. Deine Visionen strahlen wie ein Lichtschein vor dir her. Dein Reisemittel ist die Steinmeditation.

Jungfrau in der fünften Ebene
Gut verbunden, gut verbündet und vernetzt kennst du deine Helferwesen, rufst sie kaum. Für dich hängen Schutz und Hilfe nicht vom Rufen, sondern vom Planen ab. Sorgfältig arbeitest du deine Visionen in das Gewebe deiner Träume und Worte. Dein Reisemittel sind die alten Muster, in die du dich hineinträumst, denen du mit dem Finger folgst.

Waage in der fünften Ebene
Deine freundliche Ausstrahlung zieht die Menschen, die Wesen an, die dir auf deinem Weg behilflich sein können. Du hast viele Freunde und Verbündete, kommst überall irgendwie durch. Begeisterst andere durch deine Ideen und Pläne und reißt sie mit. Dein Reisemittel ist das Räuchern und der heilige Rauch.

Skorpion in der fünften Ebene
Wenige Verbündete, die mächtigsten, sind auf deiner Seite. Du spielst mit Macht und deckst Macht auf, begibst dich in Gefahr, aber du kennst diese Gefahr und begegnest ihr mit wirksamen Mitteln. Deine Bilder und Träume schickst du überall hin, sie bevölkern den Schlaf der Menschen und ihre Tagträume. Dein Reisemittel ist die Telepathie.

Schütze in der fünften Ebene
Deine gute Verbindung zu den AhnInnen erleichtert dir das Leben. In Phantasiereisen gestaltest du die Bilder deiner Seele zu greifbarer Realität. Als Visionärin, Träumerin, große Reisende findest du Wege in andere Welten und zurück. Dein Reisemittel ist der Rhythmus.

Steinbock in der fünften Ebene
Die Geister der hohen Berge und der Wüsten, der kargen Landschaften und der Felsen sind auf deiner Seite. Sie verwandeln das karge Land in blühende Sommerwiesen. Sorgfältig erarbeitest du deine Theorien, nichts fällt dir einfach in den Schoß, aber was du entwickelst, hat Bestand. Dein Reisemittel ist der Kristall.

Wassermann/Engel in der fünften Ebene
Du sendest Wellen aus, verbindest dich mit irdischen und kosmischen Kräften, alle kommen. Sie springen von Sternen und Planeten, aus Büchern und Archiven. Alles, was einmal gedacht, gelebt, entwickelt wurde, ist von dir abrufbar. Virtuos reist du durch die vielen Welten und Ebenen, ziehst daraus die Substanz deiner Erkenntnisse und kristallisierst sie. Dein Reisemittel ist die Rasseltrance.

Fische in der fünften Ebene
Du denkst über Hilfe und Beratung gar nicht nach, ohne Schutz zu suchen, bist du geschützt, ohne dich zu verbünden, bist du verbunden und frei zugleich. Du gleitest durch das Universum deiner Träume, Gefühle, Ängste, entwickelst bahnbrechende Theorien, verwirfst sie wieder. Geniale Ideen tauchen auf und verschwinden wieder. Dein Reisemittel ist die Trance.

Der Wipfel oder die Krone

Wohin wachse ich? Wer ist meine eigene weise Alte?

Widder in der Krone
Mut und Durchsetzungskraft sind dein Lebensziel, spontane Kraft, aber auch, deine Wut zu zeigen und zu leben. Die Urmutter allen Seins, die kosmische Energie, die alles Leben geboren hat und wieder zu sich holen wird, ist deine Schamaninnenmutter

Stier in der Krone
Gefühl für Besitz und Materie, Sinnlichkeit, bewußt in deinem Körper leben, dein eigener Raum und Grenzen, die respektiert werden – das ist die Energie, der du zuwächst. Deine Schamaninnenmütter sind die Kuhgöttin und die Hasenfrau.

Zwilling in der Krone
Beweglichkeit, Leichtigkeit, Offenheit für alles Neue sind dein Lebensziel. Kunst und Musik begleiten dich auf dem Weg. Deine Schamaninnenmutter ist die Hündin und auch das Einhorn.

Krebs in der Krone
Das Thema deines Lebens ist Schutz, Loyalität und Vertrauen. Du willst dir eine Familie im weitesten Sinn aufbauen. Deine Schamaninnenmutter ist die Anakonda, die Wasserschlange.

Löwe in der Krone
Selbstbewußtsein, Herzlichkeit und eine gewisse Sorglosigkeit sind die Ziele, auf die du hinarbeitest. Du möchtest der Mittelpunkt deines Lebens werden. Die Raubkatze und die Bärin sind deine Schamaninnenmütter.

Jungfrau in der Krone
Du willst Strukturen entwickeln und Ordnung, deine eigene, persönliche Ordnung, in dein Leben bringen, die Archive deiner Seele anlegen und dich wieder daraus nähren. Deine Schamaninnenmutter ist die Erdgöttin.

Waage in der Krone
Dein Lebensziel sind Harmonie und friedliches Zusammenleben der verschiedensten Kräfte, Menschen, Wesen. Du willst die vielen verschiedenen Strömungen zu einem großen Strom vereinen und Gemeinschaftssinn entwickeln und weitergeben. Deine Schamaninnenmutter ist die Wölfin.

Skorpion in der Krone
Du willst den Dingen auf den Grund gehen und die Schattenseiten des Lebens erforschen, tief in Leidenschaften eintauchen, dich mit Sexualität und Sucht beschäftigen und universelle Wahrheiten finden. Deine Schamaninnenmutter ist die Schlange.

Schütze in der Krone
Deine schöpferische Phantasie will sich in allen Farben und Facetten entfalten. Reisen mit Körper und Seele willst du unternehmen und die Welt schöner, bunter, phantasievoller gestalten. Die Adlermutter ist deine Schamaninnenmutter.

Steinbock in der Krone
Du willst lernen, mit wenig auszukommen, und dafür deine Verbindungen zu den Menschen, die du liebst,

stärker ausbauen. Soziale Kontakte, eine Wahlfamilie, ein Lebensraum mit allem, was du brauchst, aber ohne Überfluß, Klarheit im Ausdruck und in der Arbeit. Deine Schamaninnenmutter ist die Delphinfrau.

Wassermann/Engel in der Krone
Deine Visionen und Träume leiten dein Leben und bringen dich deinem Lebensziel näher. Du willst neue Theorien entwickeln und dein Wissen weitergeben, spirituell arbeiten, Trancereisen unternehmen und in kosmischen Dimensionen forschen. Deine Schamaninnenmutter ist die Sternenfrau.

Fische in der Krone
Dein Lebensziel ist es, die festen Grenzen des materiellen Lebens zu transzendieren und frei zu schweben, zu träumen, deinen Gefühlen zu folgen, dich von deinen Träumen führen zu lassen, den Wellen der Musik zu folgen und tief in deine Urerinnerung einzutauchen. Deine Schamaninnenmutter ist die Walfrau.

Planeten, Himmelslichter und Mondknoten in den Ebenen des Lebensbaums

Es ist interessant, sowohl die Geburtsstellung als auch die wandernde Bewegung der Planeten (Merkur, Mars, Venus, Jupiter, Saturn, Uranus, Neptun, Pluto), Himmelslichter (Sonne und Mond) und Mondknoten (auch Drachenkopf und Drachenschwanz) zu beobachten. Im Geburtshoroskop ist diese Bewegung zu einer Momentaufnahme fixiert: So ist die Stellung im Augenblick deiner Geburt. Doch da die Erde sich ständig dreht und so für uns der Eindruck ständiger Bewegung der Planeten und Himmelslichter entsteht, sagen wir: Sie drehen sich um die Erde.

In Wirklichkeit drehen wir uns, wie alle anderen Planeten, natürlich um die Sonne, der Mond umkreist die Erde, und die unterschiedlichen Stellungen entstehen vom Blickwinkel der Erde aus.

Das ist gewissermaßen ein geo-zentrischer (also von der Erde aus), aber auch ein „ego-zentrischer" Standpunkt: Wir beobachten und messen den kosmischen Einfluß aus unserem Gefühl, unserem Zentrum heraus gesehen.

Wie sollten wir es auch anders sehen können? Jede Katastrophe ist immer die persönliche Katastrophe, jedes Glück das persönliche Glück, wenn ich tot bin, empfinde ich – zumindest in der traditionellen Vorstellung des Lebens im Körper – nichts mehr, also gibt es für mich in diesem Körper auf dieser Erde vorerst auch keine Katastrophen und kein Glück mehr.

Das ist die Voraussetzung für jede Art von Orakelspiel: Du versuchst herauszubekommen, welche Einflüsse auf dich einwirken, was dich bewegt, welche Kräfte du wirklich hast und wie du mit ihnen umgehen könntest. Das ist auch der tiefere Sinn des Spiels mit dem Lebensbaum: Du versuchst zu ergründen, welche Kräfte auf deine Lebensbereiche einwirken und was du mit ihnen anfangen könntest und wie du für deine gelebten und unterdrückten Kräfte Verantwortung übernimmst.

Bei der Deutung der verschiedenen Koordinaten (Tierkreiszeichen, Planeten, Himmelslichter und Mondknoten) kannst du auch so vorgehen, daß du alles durchliest, was du darüber in Erfahrung bringen kannst, und die Wirkungen dann selbst in Zusammenhang bringst, möglichst nach deiner ganz persönlichen Erfahrung z.B. von Planeten und Tierkreiszeichen. Dann kannst du diese Kräfte mit der jeweiligen Ebene des schamanischen Lebensbaums kombinieren und so spielerisch Möglichkeiten, Ermutigungen, Visionen deines Lebens entwickeln.

Hast du im Geburtshoroskop keine Planeten, Himmelslichter oder Mondknoten in einem Haus – und damit im schamanischen Lebensbaum auf der entsprechenden Ebene –, dann bedeutet das nach meiner Vorstellung, daß du gerade diese Kräfte woanders nötiger hast. Da sich die Stellung der Himmelskörper aber ständig verändert, ist interessant zu beobachten, wie sie z.B. heute im Unterschied zu deiner Geburt ist, und welche langsamen Planeten welche Häuser und Zeichen nie erreichen werden. Pluto wandert in einem Leben wohl kaum weiter als sechs Zeichen, Neptun vielleicht neun, Uranus schafft es vielleicht einmal um den Tierkreis herum, aber vielleicht fehlen auch ein oder zwei Zeichen. Also welche Bereiche deines Lebens werden von diesen drei Zeichen nicht berührt werden? Wie prägen sie dich bei deiner Geburt? Wie spürst du ihre Kraft?

Ich habe die Erfahrung gemacht, daß es spannend ist, ein astrologisches Tagebuch zu führen, in dem alle möglichen Fakten festgehalten werden. Bei mir steht da z.B.: Jungfraugeborene (z.B. X und Y und XY) legen gern Listen an und machen Dokumentationen aller Art. Oder: Wenn Mars und Uranus zusammen stehen (z.B. bei mir und bei XX), verhalten sie sich wie zwei närrische Clowns. Sie sind unberechenbar, können manchmal aber überraschende, tolle Sachen, unerwartete Angebote, abenteuerliche Ereignisse bewirken. Aus solchen Aufzeichnungen wächst deine persönliche Statistik über mögliche Wirkungen von Zeichen und Himmelskörpern. Und auch mein Buch soll ja nur eine Anregung sein, mit diesen Möglichkeiten zu spielen und eigene herauszufiltern.

Die Wurzel

Sonne in der Wurzel

Selbstbewußtsein, starke Lebenskraft und lebendiger Ausdruck der eigenen Kraft. Mut und Lust, neue Anfänge zu machen und Unbekanntes auszuprobieren. Gutes Gefühl zum eigenen Körper und zur eigenen

Sexualität. Herzliche, liebevolle Beeinflussung der Persönlichkeit.

Mond in der Wurzel
Starkes Gefühl für zyklische Prozesse, ein Auf und Ab der Gefühle, Sensibilität, gutes Einfühlungsvermögen in die Empfindungen anderer, manchmal auch starke Beeinflussung durch die Empfindungen anderer. Die Gemeinschaft mit FreundInnen und geliebten Personen ist sehr wichtig.

Merkur in der Wurzel
Wacher Verstand, gute Beobachtungsgabe, Ursachen erforschen und den Dingen auf den Grund gehen. Einen unerträglichen Zustand zu analysieren, bringt Erleichterung. Neugier und ein Bedürfnis, sich mit anderen zu messen, Wertvorstellungen zu vergleichen. Sprache und Schrift sind wichtig in der Entwicklung der Persönlichkeit.

Venus in der Wurzel
Sinnliche Entwicklung der eigenen Kräfte, Lust auf Schönheit und harmonische Strukturen. Genuß und Ästhetik wichtig zur Entwicklung der Persönlichkeit. Künstlerische Begabung. Schönheit und Stimmigkeit sind wichtiger als Karriere.

Mars in der Wurzel
Starke Willenskraft, manchmal auch der Wille anderer, der schon früh einwirkt und Widerstand erregt. Kreative, ungebändigte Energie, Lust sich durchzusetzen. Umgang mit starker Energie bis hin zur Gewalt.

Jupiter in der Wurzel
Das Glück liegt in der Herkunft, in der Wurzel, in den Kräften der Kindheit, in den Orten, vielleicht auch den Personen, die die frühe Kindheit begleitet haben. Starke Verbundenheit zu dem Ort, von dem eine stammt. Phantasievolle frühe Einflüsse, Geistreisen und Interesse an Kunst schon als Kind.

Saturn in der Wurzel
Starker Einfluß von älteren Frauen bei der Ausbildung der Persönlichkeit, das Wachstum ist einerseits von Strenge und Verboten geprägt, andererseits von Sorgfalt und Wissen. Ein starkes Muster bildet sich in der Kindheit, das das ganze Leben lang trägt und beeinflußt. Stabile, häusliche Energie.

Uranus in der Wurzel
Unberechenbare Ereignisse, plötzliche, unvermittelte Unterbrechungen des Alltags prägen den Einfluß von Uranus in der Kindheit. Wechselhafte Strömungen verhindern, daß sich Gewohnheiten, Muster oder Strukturen allzu dauerhaft entwickeln. Auch der Einfluß von Medien, Fernsehen, Film, Radio, Computer, aber auch von Telepathie und spirituellen Lehren spielt in der Entwicklung der Persönlichkeit eine große Rolle.

Neptun in der Wurzel
Phantasievolle, gefühlsbetonte, traumstarke Persönlichkeit mit Neigung zur Malerei oder zur Musik. Hinwendung zum Schönen. Visionen spielen eine große Rolle, Traumreisen, Bilder, aus denen sich die Realität dann entwickelt. Menschen und Orte der frühen Kindheit

sind oft seltsam, faszinierend, irgendwie phantastisch und regen die Phantasie an.

Pluto in der Wurzel
Der Ursprung liegt in Machtstrukturen und gesellschaftlichem Einfluß. Eigenmacht und Verantwortung sind wichtige Themen in der Entwicklung. Sehr „erwachsene" Kindheit und frühe Konfrontation mit den schweren Seiten des Lebens, aber auch frühe Selbständigkeit und Reife.

Aufsteigender Mondknoten/Drachenkopf in der Wurzel
Ein Feengeschenk an der Wiege: Zugang zu den anderen Ebenen, zu spirituellen Geheimnissen und altem Wissen. Erinnerung an kosmische Energie, das intuitive Erkennen von Verwandtschaften zu Menschen, Tieren, Pflanzen, Steinen oder anderen Wesen.

Absteigender Mondknoten/Drachenschwanz in der Wurzel
Die Fähigkeit, spirituelles Wissen erfahrbar zu machen und Visionen zu verwirklichen. Der Bereich des Nicht-Sichtbaren, Nicht-Greifbaren wird in die Realität geholt und prägt die frühe Kindheit.

Die erste Ebene

Sonne in der ersten Ebene
Was du sagst, wird gehört und zählt, du bist romantisch und künstlerisch begabt. Was du forderst, bekommst

du. Sexuelle Energie ist wichtiger Lebensimpuls, du hast natürliche Autorität.

Mond in der ersten Ebene
Du bist kommunikativ, verstehst es, Menschen zu verbinden und zusammenzubringen. Du fällst Entscheidungen instinktiv und hast mütterliche Ausstrahlung. Auch hast du ein Gefühl für den richtigen Ort und den richtigen Zeitpunkt.

Merkur in der ersten Ebene
Du kannst dich sehr gut ausdrücken und deine Ideen rüberbringen. Und du kannst gut zuhören. Du findest Methoden, um ungewöhnliche Kommunikation herzustellen. Das Spielerische ist dir besonders wichtig.

Venus in der ersten Ebene
Gute Gespräche, gute Beziehungen zu FreundInnen und NachbarInnen kommen mit diesem Aspekt, möglicherweise auch die Lust, Briefe zu schreiben oder magische Zettel (du schreibst auf, was du brauchst, oder malst es und beschreibst auch das Gefühl, das du haben willst, wenn es gelingt, und trägst diesen Zettel so lange mit dir herum, bis er sich erfüllt hat). Du kannst sehr gut Feste und Gelage ausrichten oder schön gestalten. Deine Beziehung zu Kindern und zum Kindlichen in dir ist gut.

Mars in der ersten Ebene
Du kannst dich gut durchsetzen, Menschen hören auf dich, du kannst notfalls auch Entscheidungen erzwingen und unpopuläre Wege gehen. Du strahlst Mut und

Entschlossenheit aus. Geschwindigkeit und Energie prägen deine Kommunikation. Du mißt gern deine Kräfte und liebst sportlich-akrobatische Einlagen. Du hast Sinn für ausgefallene Feste.

Jupiter in der ersten Ebene

Deine Denkstrukturen werden von vielen Impulsen geformt, du bist offen für ungewöhnliche Botschaften, bist fähig, deine Ideen und Pläne in die Tat umzusetzen. Glückliche Ereignisse kommen mit Leichtigkeit auf dich zu. Du wirst von anderen Menschen gern angehört, weil du eine leichte, offene, herzliche Art hast, dich mitzuteilen. Du kannst gut mit Kindern umgehen und noch aus wenig Material Wunder schaffen.

Saturn in der ersten Ebene

Du lebst in der Welt deiner Gedanken und Pläne und kommst nicht so leicht damit nach außen. Du bist sehr sorgfältig mit dem, was du anderen sagst, deshalb haben deine Worte Gewicht. Du lobst oder beleidigst nicht leichtfertig. Du planst Feste und Zusammenkünfte sehr verantwortungsvoll, so daß dir selten etwas schiefgeht. Mit Kindern und Menschen, die von dir abhängig sind, gehst du veranwortungsvoll um. Auch im spirituellen Bereich bist du sehr sorgfältig und riskierst nichts. Was manchmal übervorsichtig wirkt, ist in Wirklichkeit tiefes Gefühl für Veranwortung und das Wissen um die Zerbrechlichkeit von spirituellen und gefühlsmäßigen Vernetzungen.

Uranus in der ersten Ebene

Deine Art, mit anderen Menschen zu sprechen und

umzugehen, ist spontan, manchmal sogar chaotisch, unberechenbar und sehr phantasievoll. Du bist intuitiv, hast telepathische Fähigkeiten und kannst erahnen, was Menschen denken und wollen. Du bist immer für eine Überraschung gut, kannst gut rufen und mit Gesang und Worten experimentieren. Deine unkonventionelle Lebensart macht dich auch bei Kindern sehr beliebt.

Neptun in der ersten Ebene
Romantische, gefühlsbetonte, künstlerische Aspekte prägen deine Kommunikation mit Menschen und dein Liebesleben. Du kannst Menschen verzaubern mit deinen Erzählungen und Bildern. In der Gestaltung von Festen und Ritualen bist du phantasievoll und unkonventionell. Kunst und Schönheit sind für dich wichtiges Ausdrucksmittel im Umgang mit anderen Menschen. Du bist in der Lage, das Schöne und Besondere an Menschen zu erkennen und hervorzulocken.

Pluto in der ersten Ebene
Du bist dir der Bedeutung und Verantwortung deiner Worte bewußt, und die Feste und Ereignisse, die du inszenierst, haben gesellschaftliche Wirkung. Weltanschauliche, spirituelle Themen sind dir wichtig, dich beschäftigt die Bedeutung von Sprache und Ideen in der menschlichen Kommunikation. Auch Zweifel und Kritik sind mit diesem Aspekt verbunden. Keinesfalls bist du leichtgläubig. Du nimmst gut Impulse anderer auf und was sie sagen und ausstrahlen, ernst, auch bei Kindern.

Aufsteigender Mondknoten/Drachenkopf in der ersten Ebene

Mit deiner Sprache, vielleicht auch deinem Gesang und deinen Ideen verzauberst du die Menschen. Du kannst Bereiche in Worte fassen oder anderen Menschen zeigen, von denen andere nicht zu träumen wagen. Auch jede Art von Zauber durch Sprache wird dir gelingen.

Absteigender Mondknoten/Drachenschwanz in der ersten Ebene

Deine Fähigkeit, herauszufiltern, wo Worte Manipulationen sind, welche Worte Macht haben und wie Menschen mit Worten gesteuert werden, verschafft dir einen guten Überblick über das klassische menschliche Machtmittel. Du weißt, wie Worte, mit populären Symbolen oder Mythen verbunden, zu Veränderungen der Realität führen.

Die zweite Ebene

Sonne in der zweiten Ebene

Du verstehst es, deine Umgebung schön und gemütlich einzurichten, so daß du dich wohlfühlst. Die Dinge deines Lebens geben dir Kraft. Du kannst die Lebensenergie gut in deinem Körper spüren und leben und strahlst natürliche Autorität aus. Du kannst Wohlstand und die richtige Arbeit rufen.

Mond in der zweiten Ebene

Du hast zwar nicht gerade ein geniales Händchen mit Geld und Finanzen, dafür aber um so mehr mit der Zubereitung von feinen Speisen, wirksamen Medizinen und Amuletten und der Einrichtung deiner Umgebung. Du brauchst Sicherheit und Vertrautheit, um dich zu entfalten, und hängst sehr davon ab, daß du dich in der Arbeit und in deiner Umgebung wohlfühlst.

Merkur in der zweiten Ebene
Du hast gute Theorien über materielle Belange und wirst dich bei allem, was Wohnung, Arbeit, Körper und Materie betrifft, immer gründlich informieren, ehe du handelst. In der Vorbereitung und Planung liegt bei diesem Aspekt der Erfolg mit materiellen Dingen. Geldausgeben gehört zu deinen Hobbys. Und mit der Wiederbeschaffung solltest du dich an die Magie des Rufens und Besprechens halten.

Venus in der zweiten Ebene
Materielles macht dir Spaß, du richtest dich gern ein, bist bei Ritualen gern gesehen, weil du sie so schön gestaltest, kannst dir wundervolle Schreine, Schreibtische und Ruheplätze gestalten. Sinnlichkeit und Lust prägen deinen Umgang mit dem Körper. Genießerisch näherst du dich allem, was Wohlstand und materielle Annehmlichkeiten bringt.

Mars in der zweiten Ebene
Du hast einen gewissen Ehrgeiz und bist entschlossen, zu dem zu kommen, was du im Leben brauchst. Dabei setzt du deinen Willen ebenso ein wie deine Phantasie. Du wagst viel und gewinnst auch viel. Von deinem Körper erwartest du, daß er alles mitmacht, und trainierst ihn auch gern dafür. Du wirst vermutlich nicht so

gern die Untergebene spielen und liebst es, eigenverantwortlich zu arbeiten.

Jupiter in der zweiten Ebene
Du hast Glück mit materiellen Belangen, findest die Wohnung, die Arbeit, die Dinge, die dir das Leben schön machen. Du hast auch einen guten Zugang zu den göttlichen Impulsen und holst sie dir überall in deinen Alltag. Du wirst eine Arbeit finden, die dir Spaß macht, und materielle Probleme immer irgendwie locker lösen. Notfalls hältst du Materie mit Zaubersprüchen zusammen.

Saturn in der zweiten Ebene
Sorgfalt und Verantwortungsbewußtsein prägen deinen Umgang mit materiellen Dingen und deinem Körper. Leicht erwirbst du dir den Wohlstand nicht, dafür bist du sehr zäh und ausdauernd, wenn du etwas brauchst und für dich als richtig erkannt hast. In Ritualen sorgst du dafür, daß nichts vergessen wird. Du schaffst dauerhafte Strukturen und bewahrst heilige Dinge für die Nachkommen. Du bist eine Hüterin und Bewahrerin.

Uranus in der zweiten Ebene
Fast scheint es, als könntest du alles haben und wieder verwerfen, dir aneignen, herschenken und dir mit List wieder beschaffen. Du weißt etwas über die Beweglichkeit der festen Materie und über das Auflösen und neu Gestalten. Du wirst vermutlich im Bereich der neuen Medien, mit Computern, Fernsehen, Musik oder auch mit spirituellen Techniken arbeiten. In Ritualen kannst du mit unerwarteten Situationen gut umgehen.

Rasseln sind gute Mittel für dich, um materiellen Wohlstand zu rufen.

Neptun in der zweiten Ebene
Visualisierung materieller Dinge ist deine Stärke. Du wirst eher über Kunst und Magie zu Wohlstand kommen als über harte Arbeit. (Aber wer kommt schon über harte Arbeit zu Geld?) Vielleicht experimentierst du auch gern mit bewußtseinserweiternden Mitteln aller Art (Nikotin, Alkohol, Drogen). Du mußt dir den festen Boden eher mühsam erobern, dafür erhebst du dich leichter in die Lüfte.

Pluto in der zweiten Ebene
Du weißt viel über Heilkräfte und die Gründe, warum Menschen krank werden. Du wirst viel mit Grenzzuständen zu tun haben, mit Veränderungen, Metamorphosen, Erneuerung. Die Vergänglichkeit materieller Dinge ist dir vermutlich stärker klar als anderen. Vielleicht neigst du zu Glücksspielen. Die Energie dahinter ist jedenfalls: Du traust der Festigkeit der Materie nicht und willst Zufälligkeiten überprüfen, die Materie wandeln und auflösen, aber auch materialisieren können. Vielleicht wirst du eine Leitfigur für Menschen sein, die neue Orientierung suchen.

Aufsteigender Mondknoten/Drachenkopf in der zweiten Ebene
Du weißt etwas über die Materialisierung von Visionen und Träumen und kannst vermutlich ganz gut deine Ideen und Wünsche verwirklichen oder in diesem Bereich arbeiten und dein Geld verdienen.

Absteigender Mondknoten/Drachenschwanz in der zweiten Ebene
Du kannst gut Schutzschilder und praktische Hindernisse für spirituelle Übergriffe und psychischen Terror errichten. Deine Fähigkeit, Grenzen sichtbar zu machen und auf der Wahrung der persönlichen Grenzen zu bestehen, könnte auch zu deinem Beruf werden.

Die dritte Ebene

Sonne in der dritten Ebene
Du bist durch nichts zu erschüttern. In der Tiefe deines Bewußtseins gibt es keinen Zweifel, daß du ausstrahlst und die anderen deine Ausstrahlung empfangen. Du bist herzlich, freundlich, warmherzig, aber deine Art, mit Menschen umzugehen, wird manchmal als Liebe mißverstanden. Du kannst Menschen begeistern, weil du selbst begeistert bist. Du machst leicht Kontakte mit Menschen, kannst dich aber nicht so gut anderen anpassen. Du gibst oft den Ton an, ohne dich vorzudrängen. Du hast ein ausgeprägtes Familiengefühl, wobei die Familie durchaus eine Wahlverwandtschaft sein kann.

Mond in der dritten Ebene
Gefühle stehen im Mittelpunkt deiner Beziehungen zu Menschen, du bist sensibel, aufmerksam auf die Bedürfnisse anderer, liebevoll, zärtlich und brauchst auch selbst viel Zuwendung. Zweifel und Eifersucht sind dir nicht fremd. Oft fühlst du dich verunsichert, brauchst Bestätigung und Ermunterung. In einer freundschaft-

lichen oder zärtlichen Verbindung bist du einfühlsam und spürst, wie die Energien sich verändern. Aus diesem Erleben von Wechselhaftigkeit und ständiger Veränderung entwickelt sich ein großes Bedürfnis nach Sicherheit und Stabilität.

Merkur in der dritten Ebene

Du weißt deinen Verstand zu gebrauchen und bist geistreich, witzig, schlagfertig, schnell im Denken und Umsetzen. Beziehungen analysierst du, ehe du dich zu tief fallen läßt. Intuitiv erfaßt du Schwächen und Stärken von Menschen und bist durchaus selbstkritisch, auch wenn es nicht immer nach außen durchsickert. Du kannst dich mit neuen Situationen schnell anfreunden, läßt dir nicht gern Anweisungen geben und liebst geistreiche Unterhaltungen und Menschen, die humorvoll, ja witzig sind.

Venus in der dritten Ebene

Du bist ein Genußmensch. Sogar mit deinen Feinden gehst du gut um, du kommst mit Menschen beneidenswert gut klar und verlierst dich dabei niemals selbst. Du kannst sehr gut Frieden stiften und Konflikte lösen – was nicht bedeutet, daß du konfliktscheu bist, du hast eben eine natürliche Begabung, Menschen zu entspannen und aufzuweichen. Du ziehst Menschen an und liebst es, mit ihnen zusammen zu sein.

Mars in der dritten Ebene

Du kannst dich gut durchsetzen und deine Interessen vertreten. Außerdem hast du ein starkes Gerechtigkeitsgefühl und trittst nicht nur für deine Rechte gut ein, sondern auch für die anderer Menschen. Wenn du auch kämpferisch bist, so bist du doch auch verspielt und voller Witz. Menschen kommen gern zu dir, um sich helfen zu lassen oder dich zu bitten, daß du etwas für sie durchsetzt. Du genießt zwar die Gesellschaft von Menschen, kannst aber sehr gut allein sein.

Jupiter in der dritten Ebene
Du strahlst soviel Zuversicht und Freude aus, daß du überall gern gesehen bist und vermutlich immer befriedigende und schöne Verbindungen zu Menschen hast. Du bist gern mit Menschen zusammen, weil du es liebst, dich in deinen Eigenschaften und Fähigkeiten ergänzen zu lassen. Du kannst gut teilen und mit-teilen. Teamwork sollte ein Genuß für dich sein.

Saturn in der dritten Ebene
Verantwortungsbewußt und genau gehst du deine Beziehungen mit Menschen an. Man kann sich auf dich verlassen. In Gemeinschaften kannst du gut tragbare Strukturen für das Zusammenleben entwickeln, und es wird dir kaum passieren, daß du dich zu verhängnisvollen Abenteuern oder spontanen Desastern hinreißen läßt. Du bist loyal und hast vermutlich ein gutes Gedächtnis. Weil du sorgfältig bist und Menschen dir vertrauen, bist du ein Gewinn für Lebensgemeinschaften.

Uranus in der dritten Ebene
Das Närrische, Unberechenbare, Chaotische kommt mit dir. Verrückte Ideen, neue Erkenntnisse, verblüffende Experimente – immer fällt dir etwas ein. Du brichst Strukturen auf, die zu fest sind, verblüffst Menschen,

provozierst sie wohl auch gelegentlich, nur um lachend die Wogen wieder zu glätten. Wo du bist, ist das Chaos, aber natürlich kannst du nicht überall sein. (Die meisten Menschen haben Uranus irgendwann in ihrem Leben in der dritten Ebene.)

Neptun in der dritten Ebene
Du läßt dich gern tief sinken oder hoch hinauftragen, träumst, entfernst dich von der materiellen Realität in andere, interessantere Ebenen. Phantasievoll und künsterlisch begabt, bereicherst du den Alltag der anderen und hast manchmal Mühe, wenn die Materie sich als allzu schwer und unbeweglich erweist. Spirituelle Suche und Menschen, die dich darin unterstützen, sind wichtig für dich. Manchmal mußt du dich vor allzu großer Vertrauensseligkeit hüten.

Pluto in der dritten Ebene
Macht ist dein Thema, und Menschen, die Macht haben, nach Macht streben oder andere unterdrücken, müssen mit dir rechnen. Du wirst dich vermutlich mit Magie und spirituellen Geheimnissen beschäftigen und gern mit Menschen zu tun haben, die dir Impulse und Informationen geben. Da du dich nicht anpassen willst und es ablehnst, dich unterzuordnen, suchst du dir Bereiche, in denen du selbst bestimmen kannst. Du liebst Interessensgemeinschaften, wirst aber nicht unbedingt eine dauerhafte Zweierbeziehung suchen.

Aufsteigender Mondknoten/Drachenkopf in der dritten Ebene
Deine spirituelle Begabung liegt im Umgang mit Men-

schen und vielleicht sogar in alten Heilweisen. Du hast großes Einfühlungsvermögen und kannst dich auch selbst sehr genau spüren.

Absteigender Mondknoten/Drachenschwanz in der dritten Ebene
Du bist sehr realistisch und an der materiellen Wirklichkeit orientiert. Allzuviel Psychologisiererei oder gar Mystifikation lehnst du ab und bist daher eine gute Begleiterin für Menschen, die ein wenig Halt brauchen.

Die vierte Ebene

Sonne in der vierten Ebene
Dein Licht, deine Lebensenergie und deine Macht nähren sich aus der Tiefe deiner Geheimnisse und deiner Herkunft. Spirituelle und magische Energien ziehen dich stark an, du beschäftigst dich mit Grenzwissenschaften oder versuchst, die Rätsel deiner Existenz, vielleicht des Universums überhaupt, zu lösen. Du wirst dich wohl kaum im Gewirr der esoterischen Strömungen verirren, denn dein Weg ist dir klar. Dein Lernprozeß besteht darin, mit deiner Macht gut umzugehen, ohne sie anderen aufzudrängen.

Mond in der vierten Ebene
Intuitiv bist du mit den Gezeiten des Meeres, des Blutes und des Universums verbunden, aber so tief du auch einsteigst in die Geheimnisse, du findest nur Fragmente. Es zieht dich zum Geheimnisvollen, du liebst mythische Geschichten, du suchst Wahrheiten darin.

Dein Lernprozeß liegt darin, stabile Strukturen für deine Suche zu errichten, an denen du dich festhalten kannst, und nicht weiter zu gehen, als deine Verfassung es zuläßt.

Merkur in der vierten Ebene
Du hast großes Interesse an okkulten und esoterischen Lehren und gehst unbefangen und neugierig damit um. Vielleicht entdeckst du sogar eine Möglichkeit, damit Geld zu verdienen. Geheimniskrämerei erscheint dir vielleicht besonders verführerisch, aber du versuchst auch immer den Nutzen zu sehen, der in den mystischen Lehren steckt. Der Lernprozeß könnte die Verbindung zwischen Intuition und Verstand sein.

Venus in der vierten Ebene
Du machst deine spirituellen Prozesse, deine mystischen Erlebnisse und Erkenntnisse vielleicht durch Nächstenliebe und Hingabe an andere. Du bist offen gegenüber allen spirituellen Impulsen und hast Freude daran, anderen zu helfen. Auch Heilung durch sexuelle Kraft und zärtliche Berührung könnte dein Thema sein. Ein Lernprozeß könnte sein, dich zu fragen, wo du dabei bleibst und um was es dir eigentlich geht.

Mars in der vierten Ebene
Du testest gern deine Grenzen aus und gehst vielleicht sogar darüber, weiter vielleicht, als gut für dich ist (oder für andere, die daran beteiligt sind). Machtgewinn, vielleicht auch Manipulation sind wichtige Themen. Du hast keine Angst, dich mit extremen Phänomenen auseinanderzusetzen, und kannst anderen in solchen ge-

fährlichen Situationen gut beistehen. Dein Lernprozeß könnte Hingabe sein.

Jupiter in der vierten Ebene
Dir fällt vieles in den Schoß, Wunder vielleicht sogar. Wie Sterntaler hältst du dein Hemd auf und bekommst, was du brauchst. Du hast ein tiefes Vertrauen, daß es dir gut gehen wird und du jede Hilfe bekommst, die du brauchst. Vielleicht interessierst du dich auch für fremde Kulturen und schamanische, religiöse oder spirituelle Lehren anderer Völker. Dein Lernprozeß könnte sein, diese Geschenke einfach anzunehmen, ohne zu zweifeln, ob du das annehmen kannst oder ob du auch wirklich gemeint bist.

Saturn in der vierten Ebene
Verantwortlicher Umgang mit Grenzwissenschaften und gefährlichen Situationen und ein gutes Gefühl für den richtigen Ort, die richtige Zeit und die richtige Handlung gehören zu deiner Grundausstattung. Du informierst dich gründlich über alle geheimen Lehren und spirituellen Weisheiten, für die du dich interessierst. Deine Forschungen sind stets gut vorbereitet und abgesichert. Du bist gewissermaßen die Hüterin des roten Fadens. Dein Lernprozeß könnte sein, die saturnische Verantwortlichkeit als großes Geschenk zu sehen, und anstatt sie blockierend zu definieren, könntest du diesen Schutz erleichtert annehmen. Es ist nämlich immer noch besser, einen Schritt zuwenig als einen zuviel zu gehen, wenn eine am Abgrund steht. (Und tun wir das nicht alle?)

Uranus in der vierten Ebene
Alte Kulturen hatten für diese Situation die „heiligen Clowns“, Coyote-Woman, Eshu, Changing Woman. Närrisch, scheinbar chaotisch, immer provokativ bahnst du dir einen Weg in die geheimsten Kammern deiner Existenz. Oft eckst du an, wirst verlacht oder auch verachtet, nicht verstanden. Vielleicht verstehst du dich selbst nicht immer. Aber diese Kraft ist kostbar und wichtig. Wenn du sie leben kannst, ohne dich dabei zu behindern, kannst du telepathisch kommunizieren, hell sehen, wahr sagen oder vielleicht nur Zusammenhänge erkennen und sie deuten. Dein Lernprozeß wäre dann sicher eine gewisse Disziplin, gute Vorbereitung und verantwortlicher Umgang mit deinen Erkenntnissen.

Neptun in der vierten Ebene
Scheinbar ist das ein Heimspiel. Alles, was du kennst, ahnst, immer schon wußtest, begegnet dir auf dieser Schwelle. Mysteriöse Ereignisse, rätselhafte Zeichen, geheimnisvolle Begegnungen veranlassen dich, auf Visionssuche zu gehen, dich zurückzuziehen, zu meditieren, einzutauchen in das Land deiner Sehnsucht, die Weiten des Universums. Vielleicht fühlst du dich versucht, mit bewußtseinserweiternden Drogen nachzuhelfen, vielleicht geht dir der Weg der Erkenntnis nicht schnell genug. Dann wäre dein Lernprozeß: Stell dir die notwendigen Fragen und erde dich gut. Stehst du wirklich mit beiden Füßen auf dem Boden?

Pluto in der vierten Ebene
Die Beschäftigung mit dem Unbewußten, vielleicht sogar die berufliche Erforschung der vielen Schichten

des Geistes und der Seele ist vermutlich dein Thema. Spirituelle und magische Experimente sollen den Ursprung des Seins von allen Seiten ausleuchten oder erforschen. Auch die Beschäftigung mit dem Tod und mit dem Sterben kann wichtig sein. Große intuitive Kraft und die Energie, diese Suche nach dem Sinn durchzuhalten, vereinen sich. Der Lernprozeß wäre hier, das Spielerische, das Ver-rückte zuzulassen und nicht alles als letzte Wahrheit zu nehmen.

Aufsteigender Mondknoten/Drachenkopf in der vierten Ebene

Du wirst immer Situationen suchen oder von Situationen angezogen sein, die dir Lichter über dein Sein aufgehen lassen. Du hast eine natürliche Begabung, über Schwellen zu gehen und dabei alles richtig zu machen.

Absteigender Mondknoten/Drachenkopf in der vierten Ebene

Du weichst spirituellen, esoterischen, okkultistischen Bereichen weiträumig aus und hast gute Gründe dafür. Ehe du dich mit Realitätsebenen der nicht greifbaren Art beschäftigst, wirst du dich gründlich absichern. Deine Bodenständigkeit rettet dich aus vielen gefährlichen Situationen.

Die fünfte Ebene

Sonne in der fünften Ebene

Für FreundInnen, Helferwesen und einen ganzen Stab von beratenden Wesen ist gesorgt. Spirituelle Reisen finden wohl als eine Art Tagträume statt. Nicht selten spielen Raubtiere die Rolle der Schutzengel.

Mond in der fünften Ebene
Schutz und Hilfe kommt dir vor allem von Frauen und von deiner eigenen weiblichen Kraft, auch von den Frauen der Geschichte und der eigenen Familie. Helferwesen können Delphine und Wale sein.

Merkur in der fünften Ebene
Du hast Glück mit deinen Unternehmungen und Geschäften. Vielleicht hast du einflußreiche Freunde, manchmal noch aus der Schulzeit oder aus der Jugend. Schlangen und Krähen sind Helferwesen.

Venus in der fünften Ebene
Du läßt alles genüßlich auf dich zukommen und wirst von Frauen, aber auch von Kindern oft günstig beeinflußt und unterstützt. Die Bereiche der Kunst, der Gastronomie und der Inneneinrichtung, vielleicht auch des Gartenbaus können dir positive Impulse geben. Helferwesen sind Katzen.

Mars in der fünften Ebene
Unterstützung kommt hier vor allem von Männern oder aus Strukturen, die Männer geschaffen haben. Auch deine Entschlußkraft, dein Mut und deine Willenskraft helfen dir weiter. Helferwesen sind Hunde.

Jupiter in der fünften Ebene
Wenn du keine Unterstützung findest, erschaffst du sie dir selbst. Jupiter wirkt wie ein Joker, den du aus dem

Ärmel ziehst. Glück in allen Anfängen, und alles kommt. Helferwesen sind Engel, Außerirdische und Pferde.

Saturn in der fünften Ebene
Autoritätspersonen und einflußreiche Menschen stehen immer wieder im Leben auf deiner Seite. Deine Fähigkeit, dich gut zu informieren und Zusammenhänge zu studieren, hilft dir überall weiter. Helferwesen ist die Bärin.

Uranus in der fünften Ebene
Närrische Verbündete aller Art gesellen sich zu dir, fast immer unerwartet und lustig. Du reist mit leichtem Gepäck, läßt dich fallen und weißt genau, du wirst immer aufgefangen. Helferwesen sind die Geier und die Salamander.

Neptun in der fünften Ebene
Du kannst dir Verbündete aus allen Ebenen rufen. Notfalls springt schon mal ein Kaugummipapier oder ein Bambus für dich ein. Da du bereit bist, über alle Grenzen zu gehen und alles für möglich zu halten, überbrückst du die körperliche Wirklichkeit oft mit der visionären. Die Reise zwischen den Ebenen ist kein Problem. Deine Helferwesen sind Feen und Kröten.

Pluto in der fünften Ebene
Du hast dich entschlossen, die Geheimnisse allen Lebens zu entschlüsseln, und begibst dich noch in die tiefsten Höhlen und auf die höchsten Berge, um Wahrheiten zu sammeln. Die Kräfte, die das Universum zu-

sammenhalten, wohnen in dir und geben dir den Mut, immer weiter zu suchen. Unerwartete Verbündete gesellen sich zu dir, die nicht unbedingt mächtig aussehen, sich aber bald als sehr nützlich entpuppen. Helferwesen sind die Wölfin und der Meteorstein.

Aufsteigender Mondknoten/Drachenkopf in der fünften Ebene

Es fällt dir leicht, abzuheben und die materielle Ebene zu verlassen. Bündnisse schließt du mit Energien, von denen andere nicht zu träumen wagen, du hörst das Gras wachsen und siehst Engel fliegen. Laß dich nicht davon abbringen.

Absteigender Mondknoten/Drachenschwanz in der fünften Ebene

Du schließt deine Bündnisse auf Ebenen, auf denen andere keine BündnispartnerInnen erwarten, befreundest dich mit Technologie und Wirtschafts- oder FinanzexpertInnen, um deine spirituellen Prozesse zu machen. Dein pragmatischer Zugang zu mythischen Welten verleiht dir nicht selten Flügel.

Der Wipfel oder die Krone

Sonne in der Krone

Du wächst deiner spontanen, lebendigen, sonnigen, herzlichen, kindlichen Kraft zu. Alles in dir drängt danach, sich zu entfalten und zu blühen. Vielleicht machst du damit sogar Karriere, aber das ist nicht dein Schwerpunkt.

Mond in der Krone
Du wächst deinem Gefühl zu, den zyklischen Prozessen und dem Verständnis dafür, daß alles wächst und blüht und vergeht und wieder von neuem wächst. Dir selbst zu verzeihen und andere zu verstehen, ohne sie zu beurteilen, wird dir immer wichtiger.

Merkur in der Krone
Du wächst deinen Lernprozessen zu. Du willst dich bilden, informieren, mehr lernen und verstehen, analysieren, Zusammenhänge erfassen, und du weißt, daß der Verstand nicht nur mit dem Hirn, sondern auch mit den Beinen und den Füßen zu tun hat.

Venus in der Krone
Du wächst deiner künstlerischen Entfaltung zu, entwickelst Sinn für deine Ästhetik und wirst damit vielleicht sogar wegweisend. Hingabe und Genuß gehören zu deiner Entwicklung.

Mars in der Krone
Du lernst zu verstehen, was du selbst willst, wie du es durchsetzen kannst, wie du dich im Leben einrichtest und was deine ganz persönliche Macht ist. Du willst Einfluß nehmen und kühne Taten vollbringen.

Jupiter in der Krone
Du wächst deiner kreativen Kraft zu. Unendlich viel entdeckst du in dir, bringst es zum Blühen und verzauberst deine Umgebung damit. Das Glück verläßt dich nie. Spielerisch entwirfst du dein Leben, und nicht alles, was du gewinnst, hast du gesät.

Saturn in der Krone
Du wächst deiner Verantwortung zu, übernimmst wichtige Aufgaben, lehrst andere, baust tragfähige Strukturen und sitzt vielleicht als Hüterin an der Schwelle, um anderen ihren Weg zu erleichtern. Möglicherweise arbeitest du an bahnbrechenden Theorien oder entwirfst neue gesellschaftliche Spielregeln.

Uranus in der Krone
Du gehst einen ungewöhnlichen Weg mit ungewöhnlichen Mitteln, und ungewöhnliche Ereignisse helfen dir. Vielleicht arbeitest du mit neuen Medien im weitesten Sinn oder mit spirituellen Heilweisen. Du willst alte Denkmuster aufbrechen und festgefahrene Strukturen auflösen.

Neptun in der Krone
Du wächst deiner künstlerischen Entfaltung zu, du willst die Impulse deiner Seele umsetzen in greifbare Realität. Die Arbeit mit Träumen, Visionen und Trancen ist dabei wichtig. Deine Imaginationen können das Bild der Welt neu gestalten und die alten, verlorenen Bilder wieder aus der Vergessenheit hervorholen.

Pluto in der Krone
Du willst gesellschaftliche, vielleicht auch politische Verantwortung übernehmen und deine Fähigkeiten in den Dienst anderer Menschen stellen. Auch die Arbeit mit Magie und spirituellen Heilweisen ist mögliches Ziel. Du willst Zeichen setzen und Spuren hinterlassen, etwas Bleibendes schaffen.

Aufsteigender Mondknoten/Drachenkopf in der Krone
Du willst im spirituellen oder magischen Bereich arbeiten und deine Intuition zum Beruf, zur Berufung machen. Dein ganzes Leben richtest du auf deine spirituelle Entwicklung aus.

Absteigender Mondknoten/Drachenkopf in der Krone
Deine nicht gelebten spirituellen Kräfte erinnern dich immer wieder daran, daß es zwar gut ist, mit beiden Beinen auf der Erde zu stehen, aber auch, mit dem Kopf im Himmel zu sein.

Die meisten Menschen haben nur wenige der beschriebenen Konstellationen in ihrem Geburtshoroskop, aber fast alle Menschen durchleben fast alle beschriebenen Konstellationen zu irgendeinem Zeitpunkt ihres Lebens, was eigentlich nur heißen kann, daß alles in uns steckt und es nur darauf ankommt, daß wir diesen Schatz, vielleicht nicht alles auf einmal, aber etwas davon wenigstens, irgendwann heben.

Die Prinzessin auf dem Baum
Ein Märchen

Es war eine Frau, die hatte wahrhaftig kein leichtes Leben. Kaum hatte sie ihren Schatz geheiratet, ließ er sie alle Tage arbeiten und werkeln, so daß sie des Abends müde ins Bett fiel und keine Freude mehr fand. Bald zwang der Mann sie, die Schweine zu hüten, er hatte nämlich eine andere Frau gefunden, die ihm besser gefiel, und die wollte er im Haus haben. Unsere Heldin schlief nun im Schweinestall, und so demütigend es auch sein mochte, sie fühlte sich jeden Tag wohler.

Eines Tages trieb sie die Schweine hinaus aufs Feld und weiter dem Wald zu.

Los, mach schon, tiefer in den Wald hinein, sagte ein Schwein.

Was? Wer hat da gesprochen, entsetzte sich die Frau und sah sich um.

Wer wird schon gesprochen haben! Es wird Zeit, daß du aufwachst.

Die Frau besah sich das Schwein. Eine Sau kann nicht sprechen, sagte sie.

Oh, ich glaube eher, daß es umgekehrt ist, eine Sau spricht, aber eine Frau nicht.

Da wurde die Frau zornig und sagte: Ich kann sprechen.

Davon habe ich aber nichts bemerkt, sagte das

Schwein und trabte gemächlich weiter in den Wald hinein, und ihre Schwestern folgten ihr.

Hättest du nicht schon lange zu deinem Mann deutlich gesprochen, wenn du sprechen könntest? fragte das Schwein.

Hm, darin lag ein Körnchen Wahrheit, das mußte die Frau zugeben.

An einem mächtigen Eichenbaum, den fünf Menschen nicht umfassen konnten, hielten die Schweine an. Wir wollen hinaufsteigen, sagte das eine Schwein.

Da fing die Frau an zu lachen. Zuerst gibt mir ein Schwein Widerworte, dann will es auf den Baum steigen! Sie konnte sich gar nicht mehr halten, vor lauter Lachen. Aber als sie wieder zu sich kam und die Augen wischte, sah sie gerade das letzte Ringelschwänzchen im Geäst verschwinden. Bleibt doch hier, rief sie, ihr seid doch meine einzigen Freundinnen! Sie schwang sich auf einen Ast und kletterte den Schweinen hinterher. Sie grunzte ein wenig und rief, aber ihre Schweine fand sie nicht. Höher und höher stieg sie hinauf, die Äste wurden breiter, und die Blätter waren so dicht, daß sie keinen Himmel und keine Erde sehen konnte. So einen Baum habe ich noch nie gesehen, dachte die Frau, der reicht ja wohl bis zum Himmel!

Als es Abend wurde, sah sie in der Ferne ein Licht. Eine schmale Treppe führte dort hinauf, sie folgte ihr und erreichte ein kleines Holzhäuschen. Sie schaute durchs Fenster, und da lagen ihre Schweine vor einem Feuerchen, und um die Schweine herum saßen sieben Frauen. Zaghaft klopfte sie an die Tür.

Komm nur herein, sagte eine Stimme, wir wissen schon, daß du kommst.

Unsere Heldin setzte sich zu den Frauen. Wer seid ihr, fragte sie verwundert.

Wir sind die Sternenschwestern, sagte die Jüngste. Wir wandern über den Himmel, und manchmal ruhen wir uns hier aus. Die Älteste kraulte das Schwein, das mit der Frau gesprochen hatte.

Aber so etwas gibt es doch gar nicht, Sternenschwestern! rief die Frau aus.

Ach, lachte eine der Schwestern, wir dachten immer, Frauen gibt es nicht, weil wir noch nie eine gesehen haben. Sie scheinen sich in den Häusern zu verstecken!

Da lachte unsere Heldin und legte sich auf den Rücken. Sie war so müde, daß sie kaum noch die angebotene Suppe essen konnte.

Am nächsten Morgen waren die Sternenschwestern und die Schweine fort. Die Frau mußte eine Weile überlegen, wo sie war und was geschehen war. Dann rappelte sie sich auf und trat aus der Hütte. Sonnenschein durchflutete das Blättergrün. Sie streckte sich und gähnte, da fiel eine Frucht auf ihren Kopf, eine große Eichel. Sie nahm sie mit in die Hütte, da war ein Mahlstein, und sie mahlte die Frucht zu Pulver, dann kochte sie Wasser und gab das Pulver dazu. Der Trank kräftigte sie. Sie zog ihre Schuhe aus und ging hinaus. Nun werde ich noch ein wenig höher steigen, um meine Schweine zu suchen, dachte sie.

Sie stieg höher und höher, da hörte sie lautes, dröhnendes Gelächter. Verwundert blieb sie stehen, wer konnte wohl so lachen? Weil sie neugierig war, kletterte sie noch ein wenig weiter, da sah sie eine große Geierin auf einem Ast sitzen, die lachte, daß ihr Gefieder zitterte.

He du, sagte die Frau zur Geierin. Geierinnen können nicht lachen.

Die Geierin hielt inne. So? Ich dachte, Frauen können nicht lachen, sie weinen und klagen doch immer nur. Und als sie das verdutzte Gesicht der Frau sah, lachte sie noch lauter.

Was lachst du denn so? fragte die Frau ein wenig unsicher.

Die Geierin schüttelte ihre Schwingen. Ich lache, sagte sie mit brüchiger Stimme, weil da oben im Baum eine Prinzessin gefangengehalten wird, die wartet auf Erlösung. Aber wenn sie nicht erlöst wird, stirbt sie, und dann gehört sie mir. Wieder lachte die Geierin. Eigentlich gehört sie mir schon, denn wer sollte sie erlösen wollen!

Der Frau wurde dieser Vogel unheimlich, schnell stieg sie weiter im Geäst nach oben. Eine Prinzessin? Hm. Wie man die wohl erlösen sollte? Und wo die wohl sein wird? Die Frau wurde müde und setzte sich, um ein wenig auszuruhen.

Kraul mir den Rücken, kraul mir den Rücken, sagte ein Stimmchen neben ihr plötzlich.

Sie wandte sich um und sah einen großen Fisch auf einem Stein sitzen. Gerade wollte sie ansetzen und sagen: Muß ein Fisch nicht im Wasser sein? Aber sie schluckte es hinunter und kraulte dem Fisch den Rücken.

Gut, daß du mich nicht nach dem Wasser gefragt hast, sagte der Fisch, ich hätte dich verschlingen müssen. Weg war er.

Kämm mir die Haare, kämm mir die Haare, sagte eine heisere Stimme.

Sie wandte sich um und sah eine weiße Wölfin zwischen den Zweigen stehen. Sie holte ihren Kamm aus der Rocktasche und kämmte die Wölfin, fragen mochte sie schon gar nichts mehr.

Gut, daß du nicht gefragt hast, wozu ich gekämmt werden will, ich hätte dich fressen müssen, sagte die Wölfin.

Als sich die Frau gerade dachte, daß das wohl ein recht gefährlicher Baum sei, sagte eine Stimme hinter ihr: Leg mir das Zaumzeug auf, leg mir das Zaumzeug auf!

Sie drehte sich um und erschrak fast zu Tode. Eine Bärin stand hochaufgerichtet hinter ihr und putzte sich mit den Klauen die Zähne.

Du mußt wohl das Unerhörte tun, dachte sie bei sich, Schaden wird schon keiner sein. Da lagen Zaumzeug und Sattel neben der Bärin.

Komm herunter, sagte die Frau ungeduldig, wie soll ich dich sonst zäumen und satteln? Die Bärin kam auf ihre vier Pranken herunter, und die Frau legte Zaumzeug und Sattel an. Das Abenteuer begann sie zu ärgern. Doch als sie an ihren Mann und das Haus dort unten dachte, sprang sie der Bärin auf den Rücken, schlug ihr auf das dicke Fell und rief: Lauf, so schnell du kannst, zur Prinzessin! Damit hatte sie aber nicht gerechnet, daß die Bärin nun schneller als der Wind den Baum hinaufjagte. Sie mußte sich ordentlich festkrallen, sonst wäre sie vom Rücken der Bärin und vielleicht auch vom Baum gestürzt.

Die Dunkelheit fiel, und sie kamen an ein Haus, das hell erleuchtet war. Ein schön geschwungenes Schindeldach, hohe Fenster, eine steinerne Feuerstelle im

Saal – das gefiel der Frau. Sie dachte, das sei wohl das Haus der Prinzessin, und wartete, daß sie erscheinen möge. Aber da stand plötzlich eine uralte Frau.

Guten Abend, Mütterchen, sagte die Frau. Ich möchte die Prinzessin erlösen.

Die Alte nickte. Sie trug ein Kleid aus allen Fellen der Tiere und allen Federn der Vögel, auf ihrem Kopf trug sie eine Krone aus Ästen und Blättern. In ihrer Hand hielt sie einen Stecken aus schwarzem Holz. Sie schlug mit dem Stock auf den Boden, und ein Blitz fuhr aus dem Himmel.

Als die Frau wieder zu sich kam, war es heller Tag. Die Alte saß neben ihr und sagte: Drei Tage sollst du mir dienen, dann zeige ich dir die Prinzessin.

Gut, dachte die Frau, dienen, das kann ich wohl.

Zuerst sollst du den ganzen Boden sauberlecken, sagte die Alte.

Die Frau erstarrte. Sie dachte an ihren Mann, an die erlittenen Qualen, an ihre Hilflosigkeit und Einsamkeit, und eine mächtige Wut stieg in ihr auf. Nein, schrie sie, das kannst du wohl selber tun.

Die Alte verschwand, die Vöglein sangen, und die Frau lag den ganzen Tag in der Sonne und beobachtete den Wind in den Blättern. Am Abend stand neben der Feuerstelle ein Topf Suppe. Sie aß davon, legte sich auf ein Fell am Boden und schlief ein.

Am nächsten Morgen saß die Alte in ihren Fellen und Federn mit ihrer Krone aus Zweigen und Blättern wieder neben ihr. Heute sollst du mit deinem Körper meinen Rauchfang fegen, sagte sie.

Die Frau sprang auf. Niemals! schrie sie, ich fege deinen Rauchfang nicht.

Die Alte verschwand. Nun dachte die Frau daran, daß sie die Aufgaben nicht löste und wohl die Prinzessin auch nicht erlösen konnte, vielleicht würde es sie Kopf und Kragen kosten, aber das mochte nun einmal gehen, wie es wollte, sie konnte sich einfach nicht mehr unterwerfen.

Sie ging hinaus in die Sonne und spielte den ganzen Tag mit Kieselsteinen und hörte auf die Unterhaltungen der Raben, die um das Haus flogen, bis sie müde wurde. Wieder stand eine Suppe an der Feuerstelle, wieder lag da ein Fell, und sie legte sich neben dem Feuer nieder und schlief auch gleich ein. In der Nacht hörte sie Schweine grunzen und fühlte die Körper ihrer Schweine an ihrem Körper. Morgens wachte sie zwischen den Schweinen und Raben auf und war so leicht und froh, wie sie ihr Leben lang nicht gewesen war.

Die Alte kam. Täuschte sich unsere Heldin, oder war sie nicht viel freundlicher als zuvor? Heute sollst du mit deinen Haaren mein Dach fegen, sagte die Alte.

Die Frau stand auf. Nein, sagte sie ruhig, auch das werde ich nicht tun.

Du hast die Prinzessin erlöst, sagte die Alte lächelnd.

Aber wo ist die Prinzessin? fragte die Frau.

Du bist es selbst, lachte die Alte.

Und wer bist du? fragte unsere Heldin.

Ich bin die, die du einmal sein wirst, war die Antwort.

Da feierten sie ein großes Fest, die Alte, die Frau, die Raben, die Schweine, die Sternenschwestern, die Baumelfen, die Geierin und viele, viele mehr, das war ein Rasseln und Trommeln und Tanzen und Krächzen! Frau Sonne und Frau Luna kamen herunter, umarmten sich und hoben sich wieder in die Lüfte zu den Wolkenelfen.

Ich bin auch dabeigewesen, aber weil ich so wild getanzt habe, daß mir schwindlig wurde, bin ich gestolpert und vom Baum gefallen. Und das war gut, sonst hätte ich euch die Geschichte nicht erzählen können.

Luisa Francia
im Verlag Frauenoffensive

Berühre Wega (1982)
ISBN 3-88104-120-6

Kalypso (1984)
ISBN 3-88104-138-9

Mond, Tanz, Magie (I986)
ISBN 3-88104-152-4

Drachenzeit (1987)
ISBN 3-88104-165-6

Zaubergarn (1989)
ISBN 3-88104-190-7

Spielend Scheitern. Ein Leidfaden für Frauen mit dreizehn Tips zum Mißerfolg (1990)
ISBN 3-88104-203-2

Die 13. Tür (1991)
ISBN 3-88104-210-5

Die schmutzige Frau (1992)
ISBN 3-88104-226-1

SteinReich (1993)
ISBN 3-88104-239-3

Auf der anderen Seite der Haaresbreite (1994)
ISBN 3-88104-252-0

Starke Medizin (1995)
ISBN 3-88104-266-0

Eine Göttin für jeden Tag (1996)
ISBN 3-88104-280-6